أ. نعمان علي خان

أحيِ قلبك

وتمتع بحياةٍ طيبة

ترجمة

ختام عبد الرحمن أسعد عاشور

KUBE
PUBLISHING

بينة
BAYYINAH

أحـي قلبـك وتـمـتـع بحيـاة طيبـة

يُنشر لأول مرة في انجلترا

كيوب المتحدة للنشر

مركز ماركفيلد للمؤتمرات ،
راتبي لاين، ماركفيلد، ليسسترشاير، LE67 9SY المملكة المتحدة

هاتف : 249230 1530 (0) 44+

الموقع الألكتروني: www.kubepublishing.com

البريد الألكتروني : info@kubepublishing.com

© نعمـان عـلي خـان

CIP data for this book is available from the British Library.
يتوفر فهرسة للكتاب في سجل النشر من المكتبة البريطانية

ISBN 978-1-84774-229-2

مصمم الصفحات : ن.أ. قدورة
رسم الغلاف: إيمان أنور
تصميم الغلاف: فاطمة جامادار
طباعة الكتاب: إيماك أوفستد، استنبول، تركيا

فهرس المحتويات

❧

تمهيــد

ﷺ

الحمد لله ربّ العالمين والصلاة والسلام على قائد الغرّ الميامين وعلى آله وصحبه أجمعين ومن تبعه بإحسان إلى يوم الدّين، أما بعد

يسرّني أن أقدم للقارئ العربي ترجمة كتاب "أحي قلبك وتمتّع بحياة طيبة"، للداعية الباكستاني الأصل/ المقيم بالولايات المتحدة الأمريكية، الأستاذ نعمان علي خان، صاحب الباع الطويل في الدعوة إلى الله ومخاطبة الناس بالحجة والمنطق والذي قدّم معاني وسياقات عصريّة للآيات والقصص القرآنية، ناهيك عن إتقانه للغة العربية بشكل يذهل متابعيه.

يتكون هذا الكتاب من ثلاثة عشر فصلاً موزعة على خمسة أجزاء، على شكل مواعظ وعبر استخلصها الأستاذ خان من آيات متفرقة من الذكر الحكيم، والتي من شأنها أن تحيي القلوب وتنعش الأرواح وتبثّ الهمّة والعزيمة للبدء من جديد وعدم إضاعة الوقت في التفاهات ولا المال بالتبذير، ويوجهنا إلى طرق الكسب والإنفاق الحلال مشدّدًا على أهمية الدعاء والتوبة ويبعث في أنفسنا حسن الظنّ بالله ويعيدنا إلى أصل وجودنا على الأرض والغاية من خلقنا، ويقارن بين الحياة الدنيا الفانية القصيرة والآخرة السرمدية حيث النعيم والسعادة بقرب الله سبحانه وتعالى، ويعود بنا إلى غزوة أُحد ورحمة النبيّ القائد، صلوات ربي وسلامه عليه، بالنفر من الرماة الذين لم يلتزموا بأمره، ولا ينسى أن يعرّج على بعض

القضايا المعاصرة مثل رأيه في مخاطر بعض أنواع الموسيقى الحديثة، بالإضافة إلى بعض الخواطر المستوحاة من حادثة الاعتداء على مجلة شارلي أبيدو الفرنسية بعد نشرها رسومًا مسيئة لرسولنا ﷺ، وغيرها من المواضيع التي تدعو إلى الأخلاق الحميدة وبناء مجتمع مسلم متماسك.

في الختام، لا يسعني إلا أن أقدم الشكر الجزيل للسيد خان لتشريفه لي بترجمة هذا الكتاب، وإلى الأخت والصديقة "حميدة العزّة" التي رافقتني في كل خطوة من بداية الترجمة إلى النشر، والشكر موصول إلى الصديقة "دينا كنعان"، مدققة اللغة العربية، والصديقة "د. نائلة مطر" لجهودها في الدعم اللوجستي وإلى عائلتي الحبيبة لتشجيعهم ودعمهم ، وإلى مؤسسة كيوب للنشر- لندن لموافقتهم على طباعة ونشر وتسويق هذا الكتاب. أدعو الله أن ينفع أمة الإسلام بهذا العمل المتواضع وأن يتقبله مني صدقةً جارية عن روح ابنتي الحبيبة "نهلة خالد سلامه" التي سبقتنا إلى جوار ربٍّ رحيم بعد أن تركت إرثًا كبيرًا من الأعمال الصالحة.

وآخر دعوانا أن الحمد لله ربّ العالمين

ختام عبد الرحمن أسعد عاشور
نابلس- فلسطين
٣ صفر/ ١٤٤٤
٢٠٢٢/٨/٣٠

المقدمة

❧

يعيش العالم اليوم في حركة دائبة وتغيرات في السياسة والاقتصاد، وتتنافس مواقع التواصل الاجتماعي ووسائل الترفيه والتكنولوجيا بشكل محموم للفت انتباهنا وتشتيت قلوبنا وهو الأهم، ناهيك عن الأسواق الحرة المفتوحة التي تفتح شهيتنا لمزيد من الاستهلاك والوصف الأمثل لهذا الزمن ما ذكره الله تعالى في سورة التكاثر: "أَلْهَاكُمُ التَّكَاثُرُ" (التكاثر ١٠٢:١)، حيث أصبح الابتعاد عن منهج الله له طابع مؤسساتي: فصناعة الترفيه والتسلية أصبحت بلا شك إحدى أهم معالم الحداثة.

ولا يقف الأمر عند هذا الحد، فقد أصبح إنسان هذا العصر مستهلكًا بقوّة، وأصبح الدين سلعة ترفيهية، فنرى الدعاة من المشاهير يلهبون مشاعرنا لبعض الوقت، ثم ما نلبث أن نعود إلى سابق عهدنا من الاستهلاك الروتيني. الأمة الإسلامية تعاني من أزمة الهوية الدينية والصورة العالمية المختطفة من قبل جماعات إرهابية تجذب الشباب المسلم الجاهل من خلال تصدّرهم عناوين الأخبار حول ما يرتكبونه من فظائع باسم الدين.

في ظل هذه المستويات من التشتت والأزمات أصبح من الصعب اقتفاء الصراط المستقيم، فلم تعد مساجدنا ومراكزنا الدينية مصدرًا للهداية والوعظ والإرشاد الذي لا غنى عنه، لقد علمنا رسولنا ﷺ أن الدِّين النصيحة، ونحن أحوج ما نكون إليها للثبات على طريق الحق في زمن انتشار السلبية.

تُعتبر هذه المجموعة من المواعظ للأستاذ نعمان علي خان مساهمة هامة في عصر التشتت لأنها تخاطب القلب مباشرة وتحثنا على طاعة الله وأن نعيش حياتنا بشكل

صحيح.الثقافة المعاصرة تتطلب منا اعتبار الموت نهاية حتمية لحياة سعيدة ، أما في ديننا فهو البداية للحياة السرمدية الحقيقية.

تتمحور العناوين الفرعية في هذا الكتاب حول تذكيرنا لأنفسنا ألا ننسى طبيعة الحياة الحقيقية وهي أن الدنيا مؤقتة وأن هناك فرصة لعمل الخير الذي قد يُدخلنا الجنة إن شاء الله، وتتفاوت موضوعات الكتاب من الشخصية الى العالمية، ويقع الكتاب في خمسة فصول، ويتألف كل فصل من موعظتين أو ثلاثة تتناول أسئلة هامة حول الدعاء في الصلاة والنهي عن إساءة الظن بالآخرين والأمراض الشائعة من الممارسات غير المقبولة لبعض المجتمعات المسلمة تجاه البنات رغم تعاليم النبي ﷺ التي رفعت من شأن البنت والمرأة بشكل عام.

هذا الكتاب يقدم نموذجا رائعًا تحتاجه المجتمعات المسلمة ودعاتها للوصول الى الجمهور العالمي من خلال بناء المؤسسات على شاكلة معهد "البيّنة" وتسخير وسائل التواصل الاجتماعي لمخاطبة جميع الناس على اختلاف مشاربهم، لقد أصبح من الأهمية بمكان للمسلمين وخصوصًا في الغرب، الاستثمار في المؤسسات التي تنشر التعاليم الإسلامية باعتدال لمواجهة تصاعد التطرف الذي اجتاح أجزاء من العالم حيث دُمرت المؤسسات التعليمية التقليدية على يد الحروب الإمبريالية والدعاة الفاسدين .

نأمل أن يساهم هذا الكتاب في إلهام المسلمين في هذا العصر ، وأن يصبح مصدرًا للنور في عالمنا من خلال إحياء قلوبهم وإعادة ضبط بوصلتهم نحو المسؤولية الاجتماعية العظيمة ومعرفة الله بشكل أكبر.

المحرر
مؤسسة كيوب المتحدة للنشر،٢٠١٧

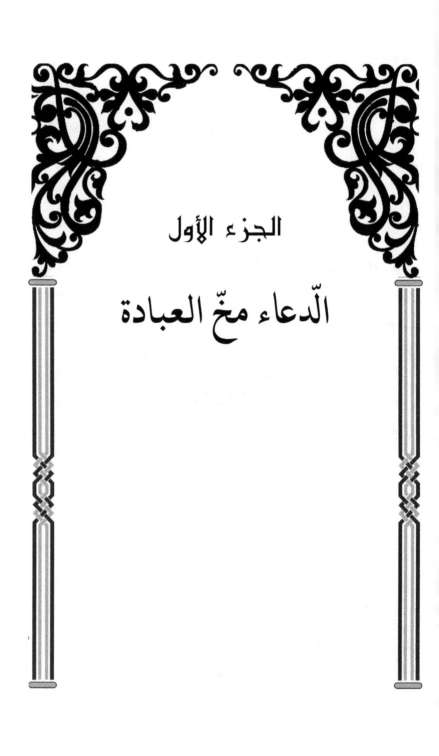

الجزء الأول

الدّعاء مخّ العبادة

الفصل الأول

الدعاء وقت الشدّة

❧

يسعدني أن أشارككم بعض الخواطر حول آية من سورة القصص (وترتيبها الثامن والعشرين)، والتي عرضت مشاهد من قصة سيدنا موسى عليه السلام قبل أن يكلمه الله على جبل الطور، ونذكر ببعض المحطات من حياته التي وردت في أجزاء أخرى من القرآن، منها قصة هروبه من مصر بعد أن قتل شخصًا بدون قصد (فَوَكَزَهُ مُوسَىٰ فَقَضَىٰ عَلَيْهِ)، وتآمر الملأ عليه وشرعوا بالبحث عنه لتصفيته، فأصبح طريدًا. وشاء الله أن يصل ماء مدين وسط الصحراء (ورغم ذلك كان فيها ماء وبحيرات وينابيع)، فجلس ليستريح ويروي ظمأه.

يخبرنا الله سبحانه ما حدث معه:

... وَجَدَ عَلَيْهِ أُمَّةً مِّنَ ٱلنَّاسِ يَسْقُونَ وَوَجَدَ مِن دُونِهِمُ ٱمْرَأَتَيْنِ تَذُودَانِ ... ﴿٢٣﴾

(القصص ٢٨ : ٢٣)

وجد جماعة من الناس يسقون قطعانهم من أغنام وجمال وأبقار ومن دونهم امرأتان تحبسان غنمهما عن الماء، فتوجه سيدنا موسى نحوهما وسألهما:

... قَالَ مَا خَطْبُكُمَاۖ قَالَتَا لَا نَسْقِى حَتَّىٰ يُصْدِرَ ٱلرِّعَآءُۖ وَأَبُونَا شَيْخٌ كَبِيرٌ ﴿٢٣﴾

(القصص ٢٨ : ٢٣)

كان لسان حالهما : لا نريد الاختلاط بالرجال لأن كثيرًا منهم بلا أخلاق ولا يحترمون النساء وقد يصرخون علينا أو يتحرشون بنا، لذا نفضل أن ننتظر حتى يفرغوا وينصرفوا فنسقي مواشينا، أما قولهما : "وَأَبُونَا شَيْخٌ كَبِيرٌ" فيحتمل أنه لا يستطيع أن يسقي ماشيته من الكبر والضعف، ولا يوجد غيرهما للقيام بهذا العمل . سيدنا موسى عليه السلام لم يُكثر الكلام، فسقى لهما وعاد إلى مكانه .

بعد هذه المقدمة، سنتوقف عند هذه الآية لنتدبرها معًا:

فَسَقَىٰ لَهُمَا ثُمَّ تَوَلَّىٰٓ إِلَى ٱلظِّلِّ فَقَالَ رَبِّ إِنِّى لِمَآ أَنزَلْتَ إِلَىَّ مِنْ خَيْرٍ فَقِيرٌ ﴿٢٤﴾

(القصص ٢٨ : ٢٤)

.... رَبِّ إِنِّى لِمَآ أَنزَلْتَ إِلَىَّ مِنْ خَيْرٍ فَقِيرٌ ﴿٢٤﴾

(القصص ٢٨ : ٢٤)

هذه العبارة الرائعة المؤثرة التي خلّدها الله عزّ وجلّ في كتابه العظيم، فيها دروسٌ وعبر لا حصر لها، وسنظل نرددها ما دام هناك إسلام على وجه الأرض، وحين هتف موسى عليه السلام بها، لم يكن هناك أية حشود خلفه يؤمنون على دعائه، كان يدعو في قلبه وقد استظل تحت الشجرة، ولكن كان لهذا الدعاء شأنٌ عظيم عند رب العزة وسيظل صداه يتردد في الآفاق إلى يوم القيامة .

الأمر الأول الذي يتجلّى ونحن نتفيأ ظلال هذا الدعاء هو أنك حين تصنع المعروف لا تنتظر شكرًا أو ثناءً من الناس، إياك أن يكون هذا غاية مقصدك، سيدنا موسى عليه السلام ساعد المرأتين ولم يذكر القرآن أنهما شكرتاه وأنه ردّ عليهما بتواضع بأنه لم يفعل شيئًا ذا قيمة، بل إنّه لم يكمل الحديث معهما، سقى لهما ثمّ انصرف لأنه يريد الأجر والثواب من الله وحده . لم يكن معنيًّا بأي حوار، بل كان همّه أن يناجي ربّه. (أما نحن فكثيرًا ما نفعل الخير وفي أنفسنا شوقٌ للتقدير والثناء) .

من فضائل هذا الدعاء أيضًا، أنك إذا كنت تفعل الخير إرضاءً لله وحده، فإنه سبحانه سيتولّى أمرك ويدبر لك بشكل مدهش. قد يصنع الناس المعروف طمعًا في رده إليهم يومًا ما، فاليوم أنا أخدمك وغدًا تخدمني وهكذا، أنت تحكّ ظهري وأنا أحكّ ظهرك، ولكن حين دعا سيدنا موسى عليه السلام بهذا الدعاء كان مشردًا بلا مأوى، هاربًا من العدالة، لا يملك من الثياب سوى ما يستر جسده ولا زاد معه ولا متاع، توقف عند الماء ليشرب، وكان على حافة الانهيار، وعندما ساعد المرأتين لم ينتظر أي مقابل، بل كان يحتسبه عند الله، لم يسأل: كم ستدفعان لي؟ وحقّ له أن يفعل لأنه قام بعمل والأجير يستحق الأجرة، ولكن سيدنا موسى سقى لهما تطوعًا لذا لم يتوقع أن يحصل على أي مقابل وإلا لطلب الأجر منذ البداية وهذا ينطبق على أي عمل تطوعي تقوم به، إذ لا يحق لك أن تطلب عليه أجرًا وإلا كن واضحًا من البداية وأعلن أنك غير متطوع وتريد الأجر الفلاني، ففي أحيانٍ كثيرة نتطوع في بعض المشاريع أو في المساجد وفي أذهاننا مثلاً أننا تطوعنا طيلة شهر رمضان وسيكون هناك حفل لتكريمنا ليلة السابع والعشرين، فإذا كنا كذلك، فقد افتقدنا قيمة هذا الدعاء ولنا في سيدنا موسى أسوة حين تولّى إلى الظل بعدما سقى الماشية مناجيًا ربّه عزّ وجلّ:

.... رَبِّ إِنِّي لِمَآ أَنزَلْتَ إِلَيَّ مِنْ خَيْرٍ فَقِيرٌ ﴿٢٤﴾
(القصص ٢٨ : ٢٤)

قال "أنزلت" بالماضي ولم يقل "تُنزِلُ" بالمضارع، أي أنا بأمس الحاجة لما أنزلته إلي الآن، بمعنى آخر سيدنا موسى يحمد الله على ما أعطاه قبل أن يسأله المزيد من الخير.

إذا نظرنا إلى حال سيدنا موسى بمعاييرنا الدنيوية نجد أنه لا يملك من حطام الدنيا شيئًا، ولكن في نظره هو وقد وجد نفسه وسط الصحراء ولم يمت عطشًا ثم وجد الماء ومكانًا يستظلّ به وفوق ذلك يسوق الله إليه فعل الخير بمساعدة الفتاتين، فكان حقًّا لله عليه أن يحمده . لم يركز على ما يفقده بل كان لسان حاله: يا الله، أنا في أمسّ الحاجة لما وهبتني، فلولاك لهلكت، سبحان الله، إنه لا يستحضر سوى نعم الله عليه في كل حين.

وهناك معانٍ أخرى في طيات هذا الدعاء، فقبل وقتٍ قصير سيدنا موسى عليه السلام قتل قبطيًّا من آل فرعون، بالخطأ، وكزه ،أثناء دفاعه عن رجل من شيعته، فقضى عليه، ثم شعر بالندم واستغفر،فغفر الله له رغم أن ما فعله يُعدُّ من الكبائر، وهذا فيه عبرة لنا، حين نرتكب أي ذنب، وكلُّ ابن آدم خطّاء، سواء من الصغائر أو الكبائر ينبغي أن يلاحقنا عذاب الضمير بقية حياتنا ولا نستطيع نسيانه ، ولكن ما يحدث فعلاً أنك مثلاً ، إذا أهنت أحداً ما أو فقدت صوابك يومًا أو نسيت نفسك واغتبت فلانًا، كل هذه ذنوب ولكنك تنساها ، أنت لا تذكر ما فعلته قبل سنتين، ولكن أن تقتل فهذه جريمة نكراء، لا شك أننا ارتكبنا الكثير من الذنوب في الماضي، وقد يرى بعضنا ذنوبه كبيرة وتلقي بظلالها في كل حين مما يجعل حياته جحيمًا لا يُطاق . نتعلّم من هذا الدعاء أننا إذا أذنبنا في الماضي، ولكن ليس إلى درجة

القتل، فإن الله يضرب لنا مثالاً للعبرة، إذا غفر سبحانه لسيدنا موسى عليه السلام فسيغفر لنا أيضًا خصوصًا إذا كانت ذنوبنا أصغر، فالدرس المستفاد هنا : إذا ارتكبت أي ذنب، ما عليك إلا البحث عن أي معروف تسديه للناس حتى يغفر الله لك .

لقد أوشك سيدنا موسى عليه السلام على الموت جوعًا وعطشًا، وحين أدرك حاجة الفتاتين للمساعدة لم يتردد رغم أنهما لم تطلبا منه ذلك، ولكنه كان في أمس الحاجة لفعل الخير، فأينما لاحت لك الفرصة لعملٍ صالح فلا تتوانَ مهما بلغت من التعب والإجهاد، وإذا افتقدت الدافعية اجعل ذنوبك نُصب عينيك وكفى بها حافزًا.

ومن معاني هذا الدعاء أيضًا : يا الله، لقد ارتكبت الكثير من المعاصي فيما مضى، لذا سأنتهز أية فرصة تعطيني إياها لعمل الخير، فلك الحمد يا رب أنك شرّفتني بمساعدة الفتاتين. العمل الصالح يحمل في طياته التكريم لفاعله لا العكس، فحين تتصدق على متسوّل، على سبيل المثال، فأنت لم تساعده بل خدمت نفسك أنت وكرّمتها لأنّ هذا المحتاج سيشهد على معروفك يوم القيامة وسيكون سببًا في مغفرة ذنوبك، فأنت ساعدته في الدنيا التي لا تساوي عند الله جناح بعوضة، وها هو يرد لك المعروف في الآخرة وهي المآل والخلود، هذا هو مقصود الدعاء، فنحن جميعا فقراء إلى الخير من الله.

أهمّ ما في الدّعاء هو الشعور بالامتنان لكل ما نحن فيه، موسى عليه السلام كان بحاجة إلى المأكل والمشرب والملبس والأمن والعمل، ولكنّه لم يسأل الله شيئًا منها، مع أنه يجب علينا أن ندعو الله في كل أمورنا، لماذا لم

يدعو الله أن يُطعمه أو يرزقه مسكنًا أو أن يدبر له شأنه؟ كان راضيًا وممتنًا لكل ما قدّر الله له .

ولتقريب هذا المعنى العميق سأضرب لكم مثالاً:

غالبًا ما يتميز أطفالنا بالمزاجية في الأكل، تقدم لطفلك الخضار فيرفض ويطلب حلوى، أو يطلب العصير بدل الماء أو لا يكمل طعامه إلا إذا أعطيته المثلجات أولاً ، بمعنى آخر أنه يرفض ما تقدّمه له ويريد ما لا يملك، وهـذا يزعجـك بالتأكيد لأن طفلك لا يقدّر جهودك في توفير طعام صحّي يقيـه من الأمراض ويرغب بمـا يسبب له الضرر متجاهلاً الطعام الذي أمامه.

المؤمن دائم الشعور بالرضا والمنة لله على كل رزق من مأكل أو عمل أو تجارة ويرى أنّه الخيار الأنسب ولا يتبرّم أبدًا، فسيدنا موسى عليه السلام حين وجد ما يستظلّ به لم يسأل الله أن يرزقه ما ينام عليه مثلاً، أو ما يأكله حين وجد ماءً يروي عطشه، بل عبّر عن حاجته الماسّة لكل ما وهبه الله إياه ووصف حاله أنه "فقير"، هل تعلم ما الفرق بين الفقير والمسكين؟ لقد وردت كلمة مسكين في القرآن الكريم في مخارج الزكاة في قوله تعالى :

﴿ إِنَّمَا ٱلصَّدَقَـٰتُ لِلْفُقَرَآءِ وَٱلْمَسَـٰكِينِ ... ﴿٦٠﴾

(التوبة ٩ : ٦٠)

إن استخدام الكلمتين معًا يعني أنهما مختلفتان في المعنى، فقد ذكر ابن منظور في معجم "لسان العرب" أن الفَقِيرَ الذي له بُلْغَةٌ من العيش، أما المسكين فهو الذي لا شيء له . موسى عليه السلام لم يمتلك شيئًا وتوسّل

إلى الله معترفًا بفقره إليه ولم يعتبر نفسه مسكينًا، وقد قيل في الأثر: "من يمشِ على قدميه لا يأبه أي دابة يركب"، أي لو كان هناك رجلُ يمشي في الصحراء وقدم له أحدهم حمارًا ليركب عليه أو حصانًا أو حتى سلحفاة، سيرحب به حتمًا ولن يمانع بركوبه لأنه لا يملك شيئًا .

وكأني بسيدنا موسى عليه السلام يبتهل إلى ربه يشكو بأدب قلّة ذات اليد ويعترف أنّ أي خير هو من الله وحده وأنه لا يتذمر مما هو فيه.

أَمَّا ٱلسَّفِينَةُ فَكَانَتۡ لِمَسَٰكِينَ يَعۡمَلُونَ فِي ٱلۡبَحۡرِ... ﴿٧٩﴾
(الكهف ١٨ : ٧٩)

تحمل كلمة فقير معنى "مكسور فقار الظهر"، أي لا يستطيع حمل أي شيء لذا إذا أردت الحصول على غرضٍ ما فإنه يُحمل إليك لأنك عاجز عن الإتيان به، فكان الدعاء أنه فقير لفعل الخير والله سبحانه وحده القادر على إنزال الخير، ولم يكد يُنهي الدعاء حتى استجاب الله :

فَجَآءَتۡهُ إِحۡدَىٰهُمَا تَمۡشِي عَلَى ٱسۡتِحۡيَآءٖ قَالَتۡ إِنَّ أَبِي يَدۡعُوكَ لِيَجۡزِيَكَ أَجۡرَ مَا سَقَيۡتَ لَنَاۚ... ﴿٢٥﴾
(القصص ٢٨ : ٢٥)

جاءته إحدى الفتاتين تدعوه ليتقاضى أجره من أبيها، ولكن السؤال الذي يطرح نفسه: هل طلب أي أجر؟ أو عمل؟ لا، هل سألهم أن يدعوه لبيتهم؟ لا . كل ما فعله هو اللجوء الى الله وحمده على ما أنزله إليه من الخير.

هناك قواعد قرآنية، والبعض يحلو له أن يسميها قوانين الطبيعة التي تتغير باستمرار، فالنار الحارقة فقدت خاصيتها حين أُلقي سيدنا إبراهيم عليه

السلام فيها، والماء المتحرك، تغيّر بمجرد أن ضربه موسى عليه السلام بعصاه، قوانين الطبيعة قد تنحرف وفق المشيئة الإلهية، ولكن قوانين الهداية الربانية في كتابه، ثابتة لا تنحرف، وكذلك قوانين الدعاء الذي يفيد أن من يحمد الله على كل شيء فإن الله سيتولّى أمره لا محالة .

جاءت الفتاة قائلة إن أباها يدعوه ليجزيه أجر السقي، فلم يرفض أو يعتذر متعلّلاً أنه أراد وجه الله بفعله، بل أدرك أن الله استجاب دعاءه، فلبّى الدعوة بلا تكلّف.(حين يعرض أحدهم عليك المساعدة، قد تكون استجابة لدعائك، مثل عرض عمل، فلا ترفضه فهو رزق من الله، تذكر أن سيدنا موسى عليه السلام عنده كبرياء أكثر منك ولم يتردد في إجابة الدعوة) .

وقبل الختام، لنتعمق في المشهد أكثر فأكثر، هذا الدعاء الذي انطلق من قلب سليم صادق كانت نتيجته ليست الدعوة للزيارة والأجر المادي فحسب، بل زوجة وعمل لمدة ثماني أو عشر سنوات، لقد حصل على مسكن وعمل وزوجة دفعةً واحدة مع أنه لم يذكر أيّاً منها في دعائه، لقد بدأ بتأسيس عائلة وحياة جديدة وسط الصحراء من لا شيء.

يجب علينا أن نشكر الله دوماً، ولنا في موسى عليه السلام عبرة، فقد هرب إلى الصحراء مرتين، الأولى من الجيش وكان وحيداً، والثانية حين كان قائداً لقومه وهرب بهم من جيش فرعون، قائلاً:

وَإِذْ تَأَذَّنَ رَبُّكُمْ لَئِن شَكَرْتُمْ لَأَزِيدَنَّكُمْ ... ﴿٧﴾

(إبراهيم ١٤ : ٧)

قالها مخاطباً بني إسرائيل حين اشتكوا من حرّ الصحراء وقلة الزاد والماء، لم يكن يلقي الكلام جزافاً، بل كان يعي ما يقول من تجربته الشخصية حين بثّ فقره إلى الله وشكره على نعمه فأعطاه الله ما لم يخطر ببال، وها هو يعلّم بني إسرائيل هذا الدرس الخالد في الشكر والذي وثقه الله في كتابه العظيم. وهذا درسٌ لنا جميعاً - ولكننا ننسى بسرعة- أن نشكر الله على كل ما نملكه بدل التذمّر والتركيز على ما لا نملكه، وأن ندرك أننا سنبقى دوماً فقراء لما ينزله إلينا من خير، فإذا صدقنا النيّة ستأتينا الدنيا راغمة، وفي الآخرة سنرى وعد الله يتحقق:

... إِنَّمَا يُوَفَّى ٱلصَّـٰبِرُونَ أَجْرَهُم بِغَيْرِ حِسَابٍ ﴿١٠﴾

(الزّمر ٣٩: ١٠)

اللهمّ أعنّا على الالتزام بدعاء سيدنا موسى عليه السلام ....ربّنا أفرغ علينا صبراً وتوفنا مسلمين

الفصل الثاني

لماذا ندعو ولا يُستجاب لنا؟

هذه الموعظة مستوحاة من عدة مناقشات أجريتها مع شباب وشيب حول موضوع يلمس حياة كل مسلم وهو الدعاء، فوجدت لسان حال الغالبية أنهم يدعون الله من أجل تحقيق هدف ما، فالشاب يبحث عن فتاة أحلامه أو عملٍ يتوق إليه أو حل مشكلة ما مثل الحصول على الفيزا، والأب يدعو لأبنائه بالهداية ويشكو من تمردهم وتوقفهم عن الصلاة وعقوقهم . قالت لي إحدى الأمهات باكية أنها لم تتوقف عن الدعاء لولدها منذ سنوات دون جدوى، بل على العكس، وضعه يزداد سوءاً، وسألتني ماذا تفعل ولماذا لا يُستجاب دعاؤها. وآخر يشكو من المرض وحالته تسوء يوماً بعد يوم حتى إنه حجّ واعتمر ودعا الله في الحرم والمسجد النبوي وقام الليل دون أي تغيير يُذكر، فماذا يفعل أكثر من هذا؟ وحدثني أحد الطلاب أنه لم يكن يصلّي وكان عنده امتحان صعب فشرع يصلّي ويدعو الله إلا أنه لم ينجح، لذا توقف عن الصلاة لأنها لم تساعده.

بعد هذه الحوارات، أدركت أن هناك سوء فهم لمشروعية الدعاء ومعناه، ومن أي منطلق ينبغي أن ندعو، وهل الدعاء إلى الله مثل طلب معروف من البشر؟ إذا كان الجواب لا، فما الفرق بينهما؟ ماذا يُفترض بنا أن نتوقع من دعاء الله عزّ وجلّ؟

لا شكّ أن الدعاء مخّ العبادة وله شأن عظيم في عقيدتنا، فسورة الفاتحة، وهي قلب القرآن، ما هي إلا دعاء، وجميع الأنبياء ،عليهم السلام، الذين ورد ذكرهم في القرآن أصبحت أدعيتهم قرآناً يُتلى على مر الزمان، رغم أننا لا نعلم الكثيرعن حياتهم .على سبيل المثال، سيدنا نوح عليه السلام لبث في قومه ٩٥٠ عاماً نجهل كل ما حدث فيها ولكننا نعلم الكثير من أدعيته، وكذلك الحال مع سيدنا يونس وإبراهيم عليهما السلام، وهذا يؤكد أهميّة الدعاء في ديننا الحنيف.

يعتبر الدعاء من أهم الآثار في السيرة النبوية، فهناك دعاء لكل فعل نقوم به مثل الدخول إلى البيت وارتداء الملابس وإلقاء السلام والزواج .ولا تخلو مناسبة من دعاء خاص بها، لذا فإن إساءة استخدام الدعاء معضلة حقيقية .

لا شكّ أن هذا الموضوع كبير ولا يتسع المقام لتغطيته بشكل كامل، وسأقتصر الكلام حول بعض آيات القرآن الكريم، أبدأ باثنتين من سورة مريم على لسان سيدنا زكريا عليه السلام :

قَالَ رَبِّ إِنِّي وَهَنَ ٱلْعَظْمُ مِنِّي وَٱشْتَعَلَ ٱلرَّأْسُ شَيْبًا وَلَمْ أَكُنۢ بِدُعَآئِكَ رَبِّ شَقِيًّا ﴿٤﴾

(مريم ١٩ : ٤)

إنه يناجي ربّه ويصف حاله أنه أصبح كبير السن واهن العظم وخائر القوى، فحرف الجر "من" للتبعيض، ومن المعلوم أن كبار السن قد يعانون من التهاب المفاصل فيجدون صعوبة في الركوع وفي الجلوس والنهوض

بعكس الشاب الذين إذا وقع أرضاً ، مثلاً، سينهض دون أي مشاكل، أما كبير السن فينتهي به الأمر في المشافي. بدأ سيدنا زكريا عليه السلام الدعاء بالحديث عن عظامه التي وهنت، وعن الشيب الكثيف في رأسه مما يوحي بقرب أجله، وقد قيل في المثل "شيبك نعيُك"، أي أن الشيب إنذار بقرب موتك، وختم الدعاء بالقول: "وَلَمْ أَكُن بِدُعَائِكَ رَبِّ شَقِيًّا" أي: "ولم أشق يا رب بدعائك يوماً، لأنك لم تخيب دعائي حين كنت أدعوك في أي حاجة".

هكذا كانت حياته رغم أنه حُرم الولد وكبر سنّه ووهن عظمه وشاب رأسه وشارف على الموت، من المحزن أن لا يكون له ولد يحمل الدعوة بعده، ونلاحظ أنها ليست المرة الأولى التي يدعو الله أن يرزقه الولد، بل هذا كان ديدنه طوال حياته ويقول أنه لم يُحرم يوماً من إجابة الدعاء، وبالعودة إلى كلمة "شقي" أو "شقاوة" فهي ضدّ السعادة وتحمل في طياتها الحزن والكآبة سواء كانت طويلة أو قصيرة الأمد، فتجد بعض الناس مزاجهم سيئًا على الدّوام وآخرين معكّر لبعض الوقت، فالمعنى يحتمل الوجهين.

في هذه العبارة تعاليم مؤثرة تتعلق بسلوكنا في الدعاء، من ندعو؟ يلجأ السواد الأعظم من الناس إلى الله في الشدائد فقط، حين يمرض أحد الأبناء مثلاً ندعو الله أن يشفيه، وعند الذهاب للمقابلة من أجل عمل جديد نبتهل إلى الله أن ييسر أمرنا وعند شراء بيت جديد ندعو الله أن يبارك لنا فيه .

إذا أمعنّا النظر في أنفسنا نكتشف أننا نتنفس بشكل طبيعي دون الحاجة إلى أية أجهزة، قلوبنا تنبض ليل نهار دون توقف وعيوننا تبصر كلما فتحناها

وآذاننا تسمع، أجسامنا تعمل دون أي شاحن أو بطاريّة، فالله سبحانه يهبنا نَفَساً آخر ونبضة أخرى ويوماً إضافياً لنحرك أطرافنا ولكننا لا نلجأ إلى الله إلا لمصلحة أوحين نفتقد إحدى النعم، في حين أن الله يسبغ علينا عطاياه في كل لحظة دون أن نسأله، فنحن لا ندعو الله كي يساعدنا على التنفس مثلاً أو السمع أو البصر أو الكلام ، تخيّل لو أنك مضطرّ للدعاء أن يطلق الله أعضاءك كلما أردت أن تتنفس أو تسمع أو تبصر أو تتكلم. لذا يجدر بنا الكفّ عن التفكير في الأشياء التي منعها الله عنا والأدعية التي لم يستجب لها، لأنه سبحانه يرزقنا كل ما نحن بحاجة إليه في حياتنا دون أن ندعوه مصداقاً لقوله تعالى:

"كُلَّ يَوْمٍ هُوَ فِي شَأْنٍ"(الرحمن ٥٥:٢٩) :(أي كلّ يوم هو يجيب داعياً، ويكشفُ كرباً، ويجيب مضطراً ويغفر ذنباً). ولا شكّ أن الغفلة عن هذا المعنى ، تسبب البؤس والشقاء للمؤمن.

ولتقريب هذا المفهوم أكثر تخيّل لو أنك زرت والدتك يوماً بعد سنوات من الغياب، فتحضنك وتعدّ لك الطعام، وبينما تنهمك في تناوله تبدأ بالتذمرلأنها لم تضع لك الملح أو الصلصة أو شرابك المفضل. ما أشقاك وأنت تتغاضى عن كل ما قدمته أمك لك وتركز في أمور غير موجودة، وهذا يعني أنك لا تقدّر جهودها ومحبتها لك .

إذا كان حالك مع والدتك، فما شأنك مع الله الذي يحبك حباً يفوق الخيال، ويأتي أحدهم ليتساءل : لماذا لم يستجب الله لدعائي؟ هذا السؤال فيه إساءة الظن بالله عزّ وجلّ الذي يسمع كل شيء ويجيب كلّ دعاء ولكن لا يُشترط أن يعطيك سؤلك كما تريده أنت.

باختصار، الدعاء ليس طلب وجبة في مطعم أو متاعًا محدّدًا تدفع ثمنه وتستلمه مباشرة، حين تطلب مقرمشات لن تحصل على برغر مثلاً، وحين تطلب حاسوباً فلن تحصل على هاتف، ولكن حين تقوم بالدعاء لا تدفع أي مقابل لذا لا يحق لك أن تتوقع ما تشاء أو تتذمر إذا لم يتغير حالك، فتقول: دعوت الله أن أحصل على علامة كاملة في الامتحان ولكني حصلت على ٤٠، لماذا يا إلهي؟ الخالق سبحانه له مشيئته وتدبيره ويعلم ما ينفعك أكثر منك.

لقد اعتدنا على خدمة العملاء في حياتنا المعاصرة، وأصبحنا نسقطها على علاقتنا بالله عزّ وجلّ، فشباب اليوم يفترضون أن على الأهل تلبية كل احتياجاتهم، ويحاسبونهم إذا لم يفعلوا، وهكذا نحن، ندعو الله أن يشفينا أو يرزقنا وعندما لا يتحقق مُرادنا، نتوقف عن الدعاء وحتى عن الصلاة أحياناً.

من اللافت في دعاء سيدنا زكريا عليه السلام أنه خاطب الله بصفته "الربّ" العظيم، وأنه العبد الفقير، لأنّ الربوبية أعلى درجات العبادة والتي تجعل من يؤمن بها عبداً لله، ولا يوجد أدنى منزلة في الخضوع والتذلل من العبودية لذا فنحن كعبيد لله العظيم الجبار لسنا في مقام من يصدر الأوامر، بل نرضى بما يقسمه لنا رب العزة من عطاء أو منع لأنه يعلم ما لا نعلم.

ولنا في سيدنا موسى عليه السلام أسوة حسنة، فقد كان مطارداً ومطلوباً للعدالة في جريمة قتل، وجلس يستظل تحت شجرة ويدعو:

.... رَبِّ إِنِّي لِمَآ أَنزَلْتَ إِلَيَّ مِنْ خَيْرٍ فَقِيرٌ ﴿٢٤﴾

(القصص ٢٨ : ٢٤)

لم يكـن معـه طعـام ولا متاع ولا بيـت يأويه، يفتقـر إلى أي خـير ينزله الله إليـه، فـإذا كنـت في مكانـه وقدم أحدهـم إليـك طعاماً فلا يُفـترض فيك أن تُمـلي شروطـك وتطلب بعـض الإضافات مثـل الصلصـة أو العصير، أو إذا عُـرض عليـك أي عمـل فـلا تتلـكأ في الموافقـة بحجة أنـك تبحث عـن وظيفـة تتناسـب وكفاءتك، ولكن سـيدنا موسـى لم يفعـل ذلك، بل رضي بقدر الله.

بالعـودة إلى دعـاء سـيدنا زكريـا عليـه السـلام وقولـه أنـه لم يكـن بدعاء ربـه شـقيّاً، إنـه بالتأكيـد لم يسـتعجل الإجابـة يومـاً لأن كلمـة "شـقوة" تحمـل معنى التسـرع، فحين يستسـلم الجنـود في الحرب ويفـرون فهذه " مشـقة"، هذا يعنـي أن البعض يدعـو الله ويتوقع الإجابة فـوراً، وإلا فإنه يتوقـف عـن الدعاء .

الملاحظة الأخيرة المتعلقة بكلمة "شقوة"، في يوم القيامة سيقف أقوام بين يدي الله عزّ وجلّ قائلين:

قَالُواْ رَبَّنَا غَلَبَتْ عَلَيْنَا شِقْوَتُنَا وَكُنَّا قَوْمًا ضَآلِّينَ ﴿١٠٦﴾
(المؤمنون ٢٣ : ١٠٦)

يسوقون المبرّرات الكاذبة وهم يهمّون بدخول النّار، فقد كانوا مؤمنين ولم يفوزوا بالجنة لأن الشقاوة غلبت عليهم بسبب ظلمهم وإعراضهم عن الحق فاتبعوا أنفسهم الأمارة بالسوء مما أفضى بهم إلى هذا المصير من التيه والضلال.

مـن الملاحـظ زيـادة انتشـار ظاهـرة الإلحـاد بـين الشـباب هـذه الأيام في العـالم أجمـع، ليـس في أمريـكا أو أوروبـا أو آسـيا أو إفريقيـا فقـط، ومن اللافـت أن بعـض قـادة الإلحـاد المعاصريـن ماتـوا بسـبب جرعـة زائدة مـن المخـدرات لأنهـم يعانون مـن الاكتئـاب الشـديد بسـبب إعراضهم عـن الله فكانـت حياتهم تعيسـة مظلمة، وكذلـك الدعاء، حين لا تُحسـن ممارسـته فـلا بـد وأن تبتعد عـن الله ،لأن الدعـاء هو وسـيلة التواصل مع الله عـزّ وجلّ .

وننتقل الآن إلى سيدنا إبراهيم عليه السلام حين ترك قومه ،الذين كانوا يعبدون الأصنام ، مخاطباً إياهم:

وَأَعْتَزِلُكُمْ وَمَا تَدْعُونَ مِن دُونِ ٱللَّهِ وَأَدْعُواْ رَبِّي عَسَىٰٓ أَلَّآ أَكُونَ بِدُعَآءِ رَبِّي شَقِيًّا ﴿٤٨﴾

(مريم ١٩ : ٤٨)

لقد استخدم كلمة "عسى"، بينما سيدنا زكريا عليه السلام استخدم الفعل الماضي في دعائه وأنه لم يكن يوماً شقياً بدعائه لله، وتفيد هذه الكلمة أن سيدنا إبراهيم عليه السلام يتكلم بتواضع عن المستقبل ويدعو الله أن يثبته على الإيمان وأنه متفائل دوماً أن الله سيسعده بإجابة دعائه، وقبول أعماله، وأنه سيبقى صالحاً ولن يتوقف عن الدعاء أبداً.

بالعودة إلى ما ذكرناه من شكوى البعض أن الله لا يستجيب دعاءه وأنه لا يدري ماذا يفعل، أرغب توضيح بعض الأمور:

أولاً: أن الله لا يرزقك وحدك بل يرزق جميع خلقه، مؤمنهم وكافرهم: وظائف وذرية وشفاء من الأمراض، فأهل الإيمان وأهل الكفر في الكدح سواء، والله بعدله وحكمته يعطي الجميع ويقدّر فهو يقبض ويبسط ، قد يضيّق عليك المال تارةً وقد يسلب عافيتك تارةً أخرى، وقد يعسر أمورك ثمّ ييسرها، إذن ما قيمة الدعاء إذا كان الله سبحانه يعطي الجميع دون قيد أو شرط؟

الدعاء اعتراف بين يدي الله أنه هو الغنيّ الرزّاق ونحن الفقراء، وأستذكر هنا مؤمن آل فرعون حين قال:

"وَأُفَوِّضُ أَمْرِي إِلَى اللهِ" (غافر ٤٠:٤٤)، وهذا هو جوهر الدعاء، فالتفويض معناه "جعل حرية التصرف في أمر من الأمور لآخر" مثل : "جعل الآخر الحاكم في أمره" ، وقيل قديماً "بيني وبينه فوضى"، أي أننا شركاء، بمعنى أنني أوكّل أمري كله إلى الله لأنه سبحانه الأحرص عليّ، فهو يشاركني همّي ويعلم ما في نفسي أكثر مني وثقتي به سبحانه مطلقة، ومهما حدث فأنا على يقين أنه يهتمّ لأمري ويعلم مسألتي حتى لو حرمني. يعتبر الإيمان بأسماء الله الحسنى جزءًا من هذا الكلام، فالملائكة قالت للخالق عزّ وجلّ حين خلق آدم: "لَا عِلْمَ لَنَا إِلَّا مَا عَلَّمْتَنَا" (البقرة ٢:٢٤٥)

من أسماء الله الحسنى "العليم"، قد نظنّ أننا نعلم والله سبحانه هو العليم القائل: واللهُ أَخْرَجَكُم مِّن بُطُونِ أُمَّهَٰتِكُمْ لَا تَعْلَمُونَ شَيْأً (النحل ١٦:٧٨). إن استخدام الفعل المضارع في (تعلمون) يفيد أننا لا نعلم شيئاً منذ خرجنا إلى الدنيا حتى الآن "وَاللهُ يَعْلَمُ وَأَنتُمْ لَا تَعْلَمُونَ".

كثيراً ما نظنّ أننا نعلم ما نريد وننسى أن الله أعلم بما هو خير لنا، قد أظنّ أن ذلك العمل هو الخيار الأفضل لي أو أن سعادتي في الخروج من تلك المحنة، ولكنّ الله أعلم منّي لذا فإني أبتهل إلى الله طالباً حاجاتي الملحّة بناءً على علمي المحدود، والله العليم يجيب دعائي بناءً على علمه المطلق والذي قد يقتضي عدم إجابة دعائي في الوقت الحالي. من الأمثلة المذهلة في التاريخ الإسلامي (جميع الأنبياء كان دينهم الإسلام) دعاء الحواريين، أتباع سيدنا عيسى عليه السلام في سورة آل عمران:

رَبَّنَآ ءَامَنَّا بِمَآ أَنزَلْتَ وَٱتَّبَعْنَا ٱلرَّسُولَ فَٱكْتُبْنَا مَعَ ٱلشَّٰهِدِينَ ﴿٥٣﴾

(آل عمران ٣ : ٥٣)

وفي سورة الصف، سأل سيدنا عيسى عليه السلام:

... قَالَ عِيسَى ٱبْنُ مَرْيَمَ لِلْحَوَارِيِّـۧنَ مَنْ أَنصَارِىٓ إِلَى ٱللَّهِ ۖ قَالَ ٱلْحَوَارِيُّونَ نَحْنُ أَنصَارُ ٱللَّهِ ۖ ... ﴿١٤﴾

(الصف ٦١ : ١٤)

فكانت النتيجة قوله تعالى: "فَأَيَّدْنَا ٱلَّذِينَ ءَامَنُواْ عَلَىٰ عَدُوِّهِمْ". أي أن الله سبحانه وتعالى نصر أتباع عيسى عليه السلام على عدوهم، مع العلم أن أتباعه الموحدين أُبيدوا ولم يظهروا إلا بعد عدة قرون. الله نصرهم بطريقته وليس وفق شروطنا نحن.

سيدنا إبراهيم عليه السلام دعا ربه أن يرزقه الولد ليعلّم الناس الكتاب والحكمة ويزكيهم: "يَتْلُواْ عَلَيْهِمْ ءَايَٰتِكَ وَيُعَلِّمُهُمُ ٱلْكِتَٰبَ وَٱلْحِكْمَةَ وَيُزَكِّيهِمْ"

(البقرة ٢:١٢٩). ذلك الابن لم يكن إسماعيل عليه السلام ولا ابنه ولا حفيده ولا من ذرية حفيد حفيده، بل تعاقبت أجيال حتى استجاب الله دعاءه في الوقت الذي قدّر الله أنه الأنسب، فكان سيدنا محمد ﷺ الذي بُعث حين بلغ الأربعين من عمره.

علينا أن نضع نصب أعيننا أنه لا يحق لنا أن نفرض رؤيتنا على الله، وأنّنا حين ندعوه سبحانه، نوقن أنه لن يضيعنا، فإن كان خيراً نسأل الله أن يأتينا به وإن كان شراً نسأله أن يصرفه عنا، وأنّ الخيرة فيما اختاره الله. اعلم أن ما تمرّ به من محن ليس بدعاً من الزمن فقد ذُكر في القرآن بشكلٍ أو بآخر، فإذا كنت مريضاً ستجد دعاء سيدنا أيوب عليه السلام: "أَنِّي مَسَّنِيَ الضُّرُّ وَأَنتَ أَرْحَمُ الرَّاحِمِينَ (البينة ٢١:٨٣)، الذي لم يسأل الله أن يشفيه لأنه يعلم أن الله يقدّر الأنسب له، بل خاطب ربه معترفاً أنه سبحانه الرحمن الرحيم بعباده وأن المرض أنهك جسده ولكن لم ينل من إيمانه، في حين نجد البعض ما إن يمرض حتى يتزعزع إيمانه.

أدعو الله أن يجعلنا من أهل الدعاء الصادقين والمتوكلين عليه، وأعوذ بالله أن نكون ممن يبتعدون عن طريق الحق، وأدعوه سبحانه أن ينعم علينا بقربه وأن يثبتنا على الإيمان. تذّكر أن الله إذا لم يُجب سؤلك مباشرةً، فإنه يدبر لك أفضل الخيارات وهذا هو الابتلاء الدنيوي فاصبر.

توقف عن سؤال نفسك ماذا فعلت لأستحق كذا؟ الله يحبك ولن يخذلك لأنه يحب خلقه ولا يتخلّى عنهم، الله خلقنا في أحسن تقويم ومنّ علينا بالكثير من الأوقات الممتعة وأحاطنا بالحب من والدينا وأقاربنا ورزقنا ذرية أقرت أعيننا وملأت حياتنا دفئاً وصخباً، وهذا من محبة الله لنا. حين نستحضر هذه

النعم ونشكر الله ينقلب شعورنا من التذمر إلى الرضا. وأذكر نفسي وإياكم أن اعتقادي أني أستحق الأفضل ليس جيداً ولا صحّياً فالله أعلم بحالي . علينا أن نبدأ من جديد بفكرة أننا لا نستحق شيئاً وهذا حال العبيد، فنحن عباد الله الذي رزقنا كل النعم التي نرفل فيها.

جعلنا الله وإياكـم مـن عبـاده الشـاكرين لـه المتوكلـين عليـه والمخلصين في الإنابـة إليه.

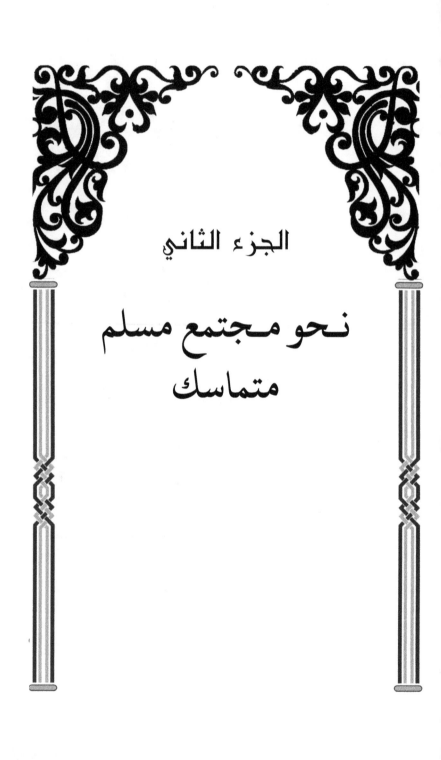

الجزء الثاني

نحو مجتمع مسلم متماسك

الفصل الثالث

وتواصـوا بالـحق

۞

سأتناول في هذه الموعظة جانباً من سورة العصر، إحدى قصار السور، التي كثيراً ما ترددت على أسماعنا، ففيها حكم بليغة، وجوهر كتاب الله بل دين الإسلام بأكمله، وتحمل في طيّاتها ما نحتاجه للنجاح في الحياة الدنيا وتجنب الخسران في الآخرة.

خلال مسيرتي الدعوية، في كل مرة أتحدث عن سورة العصر في دروسي، أوضح للحضور أنها لا تعلّمنا كيف نفوز أو نصبح ناجحين بل كيف نتجنب الخسران والفشل. بعض المعلمين يبدأون الفصل الدراسي بإسداء النصائح فيما يتعلق بالتفوق والحصول على معدلات عالية وكيف يصبح الطالب الأول على الصفّ، وهذه كلّها نجدها في القرآن أيضاً، وهناك نوع آخر من المعلمين الذين يخبرون طلابهم أن عليهم تلبية بعض المتطلبات وإذا لم يُنجزوا الحدّ الأدنى منها سيرسبون في المادة لا محالة، وسورة العصر تدور في هذا الفلك لأنه ينبغي أن نطمح دوماً لأداء الحدّ الأعلى من العبادات والطاعات ابتغاء الأجر العظيم ولكن يجب أن لا نغفل عن الحدّ الأدنى الذي بدونه لا يمكن الفوز بالآخرة.

هذه الموعظة ليست حول سورة العصر ذاتها، بل عن جزء منها غالباً ما نغفله بدلاً من التركيز عليه، والعناية به عناية فائقة لأن الله عزّ وجلّ وضع لنا ٤ شروط لتلبية الحد الأدنى لتجنب الخسران:

١. إِلَّا الَّذِينَ آمَنُوا
٢. وَعَمِلُوا الصَّالِحَاتِ
٣. وَتَوَاصَوْا بِالْحَقِّ
٤. وَتَوَاصَوْا بِالصَّبْرِ

سأركز على واحدة من هذه الشروط ولن تكون الأولى ولا الثانية، بل سنتدبر معاً ما تحمله عبارة(وَتَوَاصَوْا بِالْحَقِّ) من كنوز المعاني، وفي رأيي أن قصار السور تستحق منا الاهتمام والتحليل لاستخلاص العبر، لأنها معروفة لكل مسلم حتى الأطفال منهم، ومن السهل حفظها عن ظهر قلب، قال تعالى:

وَٱلْعَصْرِ ﴿١﴾ إِنَّ ٱلْإِنسَـٰنَ لَفِى خُسْرٍ ﴿٢﴾ إِلَّا ٱلَّذِينَ ءَامَنُوا۟ وَعَمِلُوا۟
ٱلصَّـٰلِحَـٰتِ وَتَوَاصَوْا۟ بِٱلْحَقِّ وَتَوَاصَوْا۟ بِٱلصَّبْرِ ﴿٣﴾
(العصر ١٠٣ : ١-٣)

أبدأ بالدافع وراء تدبر هذه السورة الكريمة، نحن نعيش اليوم ثقافة تتغذى على الانتقاد وإصدار الأحكام. يشاهد الناس فيلماً فيعطونه نجمتين أو ثلاثة أو أربعة لأنهم يرغبون بإعطاء رأيهم فيه، وكذلك الحال على اليوتيوب، حيث تجد المشاهدين يعلّقون ويعبرون عن وجهات نظرهم، البعض يضع منشورات على صفحته في الفيسبوك ويفتح المجال للآخرين للتعليق أو الانتقاد ويتفاعل معها عملاً بالمثل "لكل خطابٍ جواب". إذن

هناك دوماً حوارات وانتقادات وتقييمات مناهضة على شاكلة: أوافقك الرأي ولكني أعارضك في هذا أو ذاك، جيد...لا يعجبني ...الخ. لقد اعتدنا على هذه الثقافة الاستهلاكية، فقبل أن تشتري أي منتج فإنك تطلع على التقييمات الخاصة به، فتكتب على محرك البحث مثلاً: المشاكل المتعلقة بالحاسوب موديل كذا أو سيارة موديل كذا ، وتتابع درجات تقييمه، وعندما ترغب بشراء سلعة عن بعد فإنك تهتم بآراء العملاء الذين جربوها قبلك، إذن نحن نعيش في جو مشبع بالتقييمات والانتقادات ليس على المستوى الاستهلاكي فحسب، بل أصبح جزءاً من ثقافتنا، نحب أن ننتقد معلمينا وأهلنا وأطفالنا وزملاءنا في العمل ومدراءنا وأصدقاءنا والخطباء والجمهور ...الجميع على حد سواء ، الإمام يشتكي من المصلّين وهم يشتكون منه، والأصدقاء يبثون شكواهم عن بعضهم البعض من وراء ظهورهم، والناس يتذمرون من المنظمات الإسلامية وهي بدورها تتذمر من أمثالها ، هكذا أصبح حالنا من حيث لا ندري .

في رحلاتي أقابل العديد من الناس وأحياناً أمكث معهم بضع ساعات أو يوماً كاملاً، وحين أسألهم عن حال الجالية المسلمة، يقولون: ما شاء الله، الحمد لله بخير، ولكننا نواجه العديد من المشكلات، ويبدأون بسرد عشرات الشكاوى، مع أنهم بدأوا بما شاء الله والحمد لله، نحن مبرمجون على بث الشكوى دوماً.

إذا أمعنا النظر في كل أشكال التعليقات على مواقع التواصل الاجتماعي وقنوات التلفاز وحتى في حياتنا اليومية، سنجد أن غالبيتها حافلة بالانتقاد، وأحياناً يختبيء البعض خلف الدفاع بحجة أن نقده بنّاء ومن أجل التطوير.

ما أود الوصول إليه هو أن سورة العصر توفر لنا مبادئ هامة حول الانتقاد نغفل كثيرًا عنها، لنتفكر في الصياغة اللغوية، فأصل كلمة "تواصوا" هو "الوصية" وهي ما يقوله الإنسان لمن حوله وهو على فراش الموت حيث يلتف الأولاد والأحفاد حوله ويحاولون استيعاب كل كلمة يقولها لأنها قد تكون المرة الأخيرة التي يسمعون فيها صوته، ستظل كلماته ترنّ في آذانهم طيلة العمر، والوصيّة تتعلق بالميراث أيضاً. وفي سورة الأنعام يقول الله عزّ وجلّ: " ذَٰلِكُمْ وَصَّاكُم بِهِ" (٦:١٥١)، بمعنى أن الإنسان الذي يشارف على الموت أو مصاب بمرض عضال ويدرك أنه سيغادر الدنيا بلا رجعة فيجمع أحبابه ويقوم بتوصيتهم ألا يختلفوا مثلاً أوأن يبرّوا أمهم أو أن يفعلوا كذا وكذا، فالوصية حقيقة اجتماعية لا تُقدّم للغرباء بل للمقربين والأحباب الذين يحزنون لفراقك ويشعرون بضرورة عدم تفويت أي كلمة تتفوه بها، عندها سيتركون مشاغلهم وهواتفهم حتى التلفاز سيبقى مقفلاً، سيكونون معك قلباً وقالباً لأنك ستُملي وصيتك عليهم، وهذه لحظات لا تُنسى بل قد تسبب صدمة للبعض مدى الحياة.

هذا أحد أبعاد الوصية والذي أحببت الإشارة إليه أولاً لأن الله يقول"وتواصوا بالحق"، فنحن نفتقد حقيقة جوهرية وهي أن نحب أولئك الذين نوصيهم بتقوى الله لأننا ننتقد تحت شعار قول الحق في كثير من الأحيان، هل تحب مَن تقوم بوعظه؟ نحن نختلف فيما بيننا على الدوام، ولكن هل ينطلق نقدك من المحبة والخشية والاهتمام؟ هل هذا ما يدفعك لتوصيتهم ووعظهم؟

في المقابل، أحياناً نتخوّف من الانتقاد، فإما أن ننتقد على الدوام أو نلتزم الصمت ولا نقول كلمة الحق خوفاً من مضايقة فلان مثلاً (عمك يصرخ

على أبنائه وزوجته طيلة الوقت وأنت تقف مكتوف اليدين بحجة أنه أكبر منك لذا لا يمكنك أن تنصحه أو أن بعض معارفك يقعون في الغيبة في كل مرة تجلس معهم ويسيئون إلى أحدهم، فتصمت حتى لا تزعجهم) ولكنك تجهل أن محبتك لهم تفرض عليك أن تصارحهم، وهذا ما يجب على كل مسلم أن يعلمه لأننا نعبر عن محبتنا للغالين على قلوبنا بعدم قول الحق لهم، وبصراحة، الادعاء أن نصيحتنا قد تؤذيهم ما هو إلا خداع لا أكثر. فأنت لا تقدم أي معروف لهم لأنك لا تلفت نظرهم إلى أمور غاية في الأهمية ولا تحاول صدّهم عن المعاصي وهذا سيُسجل في صحيفتك. إذا كنت تكنّ لهم الحب الصادق فلن تقبل أن يقعوا في المزيد من المعاصي، لا شك أنك ترغب بمساعدتهم، ولا شكّ أن نبرة الكلام واختيار الوقت المناسب والمشاعر الدافئة وانتقاء الكلمات بعناية يجب أن يظللها الحب الصادق بحيث نبتعد عن الهجومية والعبارات الجارحة، مثل : أن تقول لعمك صاحب المزاج السيء: "يا عمّي، سمعت اليوم موعظة حول مشكلة المزاجية التي نعاني منها أنا وأنت، وهي قضية حرجة، أحببت أن أقوم بواجبي بتطبيق سورة العصر وأبلغك، السلام عليكم" ، وتغادر ، طبعاً هذا ليس الأسلوب المناسب، ينبغي أن تكون أكثر ذكاءً ودفئاً في التواصل مع الآخرين وهذا جانب من التواصي بالحق، فتقول: "عمّي الحبيب، عندي تساؤل، ولا أريد أن أزعجك ولكني لاحظت أن ابنك فلان كان حزيناً يوم أمس، هل أغضبك؟ أعلم أنك سريع الغضب ولا شك أنه أخطأ بحقك ولكن أرجوك سامحه لأنه فعلا مكتئب ويحبّك ولا يريد أن يخيّب أملك".ابحث عن أية وسيلة ودودة لتقدم النصيحة وكن ليّن الجانب فأنت تقول الحق تطبيقاً لفكرة الوصيّة والتواصي فلا بد من الرفق لأنّ ما خرج من القلب وصل إلى القلب. عليك أن تبحث عن الطريقة الأمثل لترقيق القلوب، قد يتهجّم البعض عليك إذا حاولت

نصحه. إن أسلوبك الفظ في الكلام قد يزيده سوءاً، هنا أنت تمارس الأمر بالمعروف ولكن ليس التّواصي بالحق.

البُعد الآخر لكلمة "تواصوا"، يقال: "وصيّة الأرض: اتصال النبات بها"، فالشجر له جذور ضاربة في عمق الأرض ومتشابكة ويصعب فصلها عن بعضها البعض مما يجعل اجتثاثها صعباً وهذا أحد معاني الوصيّة، أما الأعشاب الصغيرة فإنها تتطاير مع أول هبة ريح، حين ترتبط الأرض بالنباتات الحيّة المتجذّرة، فهذا معنى: "تواصوا"، أي تمسكوا ببعضكم البعض ولا تتفرقوا.

حين تنصح أحدًا ما بسبب ارتكابه معصيةٍ، أو تكاسل في العبادات، قد يؤدي إلى بعض الخلافات لذا فإن الله يوجّهنا من طرْفٍ خفيّ أن نتمسّك بمن نحب، إذ ليس من الحكمة أن نستسلم بعد أول نقاش حاد، أو قد ينفجر أحدهم في وجهك حين تنصحه فتكفّ عن نُصحه بل وقد تكرهه، ولكن كلمة "تواصوا" تعني أن نبقى مع بعضنا البعض ونتواصى بالحق، لا يمكنك أن تتخلّى عن عائلتك أو أصدقائك ولا عن إخوانك في العقيدة، لقد بدأت الآية بالذين آمنوا وعملوا الصالحات وليس بالعائلة، لا ينبغي أن نيأس من بعضنا البعض، فالتواصي بالحق هو اللبنة التي تشكّل المجتمع المسلم.

في كل مكان، لا بد من وجود آثمين ارتكبوا المعاصي أو فقدوا أعصابهم أو تفوهوا بكلام بذيء أو أرسلوا إيميل فيه إساءة لأحدهم فأصبحوا بنظرنا أشراراً ولا يمكن إصلاحهم، وهذا اعتقاد خاطىء لأننا يجب ألا نستسلم أبداً، وقيل في معنى الوصيّ: أنها "جرائد النخل التي يُحزم بها" أي الحبل

٣٧

الذي يتكون من ورق النخل ويستخدم لحزم الأشياء أي أننا ملتصقون ببعضنا البعض بسبب التواصي، فحرف الباء (بالحق ، بالصبر) قد تكون للسببية أي أن معنى التواصي بالحق : إنكم معشر المسلمين مرتبطون ببعضكم البعض نتيجة التزامكم بالحق، لذا فلن تكونوا من الخاسرين. الله سبحانه يعلّمنا أننا إن لم نفعل ذلك فالخسران مصيرنا وهذا جهد المقلّ والحدّ الأدنى من التواصي بالحق .

من الأبعاد الأخرى للتواصي بالحق، وهو في الوزن الصرفي للفعل "تواصوا" على وزن "تفاعلوا" بمعنى أن : بعضهم يوصي بعضاً على غرار تشارك وتعاون وتحاور حيث ينطوي المعنى على طرفين منخرطين في فعلٍ ما.

ما يحدث في عائلاتنا ومجتمعاتنا أن هناك أناسًا أدمنوا الوعظ، مهمّتهم توزيع النصائح ولكن يا ويل من حاول أن ينصحهم، يشعرون بالاستعلاء على غيرهم، ولا يقف الأمر عند الخطباء أو الأئمة أو العلماء بل يتعداه إلى كبار السن في الأسرة أو المدير التنفيذي في الشركة أو الطبيب الذي اعتاد على إعطاء الوصفة الطبية لمرضاه، هؤلاء اعتادوا على إسداء النصائح وليس العكس، ومعنى التواصي أن من يقدم النصيحة للآخرين عليه أن يتقبلها منهم. وهذه المهمة ليست سهلة، أحياناً تريد أن تنصح زوجتك فتقرر هي أن تردّها لك ولكن لا تسير الأمور كما يجب، فنحن كمن يسير في طريق باتجاه واحد وليس باتجاهين، حين أحاول أن أعظ بعض الشباب لا يتقبلون لأنهم يرون أنني لست مخوّلاً بهذه المهمة وهذا ليس معنى التواصي الذي يفيد أن كلا الطرفين لديه نفس الرغبة في تقديم المشورة والانصات باهتمام ومحبة ورفق.

هذا المعنى يذكرني بحادثة جميلة حدثت مع سيدنا عمر بن الخطاب، رضي الله عنه، حين كان أمير المؤمنين وكان من واجباته أن يخطب في الناس ويذكرهم ويعظهم، وفي أحد الأيام كان يتفقد أحوال الرعية فسمع صوت غناء فتسلق السور فرأى رجلاً يشرب الخمر، فغضب قائلاً: يا عدو الله أحسبت أن يسترك الله وأنت على معصية؟ فأجاب: عصيت الله في واحدة أما أنت فعصيته في ثلاث: الأولى أنك تجسست و الله يقول: "ولا تجسسوا"، والثانية: أنك تسلقت البيت والله يقول : "و أتوا البيوت من أبوابها"، والثالثة: "أنك دخلت بغير استئناس و سلام والله عز وجل يقول: "لا تدخلوا بيوتا غير بيوتكم حتى تستأنسوا وتسلموا على أهلها"، فقال الفاروق عمر رضي الله عنه: "أسأت إليك فتعفو؟" فقال الرجل: "أعفو و تعفو...و لك مني أن لا أعاود ما رأيت".

هذا خليفة المسلمين، لم يتردد لحظة حين سمع كلمة الحق، بل اعترف بخطئه وغادر بسرعة، وبعد مدة من الزمن لقي الرجل في المسجد فهمس في أذنه أنه لم يخبر أحدا بالموضوع منذ ذلك اليوم، فأجاب الرجل أنه تاب وترك الخمر منذ تلك الحادثة. هذا هو التواصي، فسيدنا عمر لم يمنعه موقعه القيادي من الاستماع لوصية سكران .

كيف نعيش في ظلال هذه الآية؟ أود الإشارة إلى بعض الأمور المتعلقة بالتواصي بالحق، فحرف الباء (بالحق) يمكن اعتباره مفعول به أو حال، وهذا يعني أنك حين تقدم المشورة لأي إنسان يجب أن تصدقه القول دون قيد أو شرط أو مصلحة أو غاية في نفسك بل لأنّ أمره يعنيك ولأنك تحبّه في الله.

قد نقدم المشورة للبعض من أجل مصلحة مثلاً بشكل لا يؤثر على علاقاتنا الشخصية بطريقة أو بأخرى وإلا فلا، وهذا ليس من التواصي بالحق الذي يدفعنا للتواصل مع الآخرين وتفقد أحوالهم لأننا نهتم بأمرهم. مثالاً على ذلك، هناك صديق لك لا تتصل به وقد سمعت أنه يمر بأزمة طلاق ويعاني من مشاكل ولكنك لم تتحرك لمساعدته، واكتشفت أنك بحاجة إليه للوصول إلى مسؤول ما وتريد رقم هاتفه من صديقك، فتتصل به وتسأله عن أحواله وفي السياق تطلب منه رقم الهاتف، في الواقع أنت لا تهتم لأمره بل لرقم الهاتف فقط، وهذا ليس من التواصي بالحق الذي يُشترط فيه إخلاص النية في مساعدة الغير.

إذا اعتبرنا "الباء" مفعولاً به، فمعناه: استخدام الحق ليتواصوا به، وبعض الشباب فهم كلمة الحق أنها القرآن أي التواصي بالقرآن وهو الحقيقة المطلقة بلا شك. في كل العلاقات التي تربطك بأهلك وأصدقائك وأبنائك لا بد من توفر الصدق والأمانة، بعض الأبناء لا يصدقون القول مع آبائهم إذا آذوهم، وبعض الآباء والأمهات لا يخبرون أبناءهم أنهم يعانون من كلامهم الجارح، وكذلك الحال مع كثير من الأزواج والزوجات الذين لا يبوحون بمشاعرهم الحقيقية خوفاً من المشاحنات أو التسبب بغضب أحدهم ويعتبرون ذلك نزاهة ومصداقية، وفي رأيي أن الاستمرار في كبت العواطف ليس من الصبر بل هو قنبلة قد تنفجر في أي وقت وتخرج الأمور عن السيطرة، علينا أن ندرب أنفسنا على الصدق في علاقاتنا في جو من الحب والاحترام والاهتمام، فأنا أهتم بوالدتي اهتمامي بنفسي، قد ترغب إحدى الأمهات بتزويج ابنها من فتاة ما، فيصمت الابن مكرهاً بحجة أنها أمه ولا يجوز له أن يخالفها، بينما الحقيقة هي أنه لا حرج في مخالفتها ولكن بمحبة والتعبير عن مشاعر حبه لها وعدم رغبته بتلك الفتاة

بأسلوب لطيف، وكذلك الفتاة التي يحاول أهلها إجبارها على الزواج من شاب لا ترغب به. يجب على الأبناء التصرف باحترام وأن يقولوا الحقيقة دون مواربة.

إذا استطعنا تطبيق هذا السلوك في عائلاتنا فسينتشر في المجتمع بأكمله، وعندها يتقبل الناس الوصيّة لأننا نقدمها بأسلوب يراعي خصوصيتهم وحساسيتهم، ولأننا نرتبط بهم بعلاقات دافئة وهذا ما يساعدنا في التواصي بالحق، وقد يبقى التواصي بين أخذٍ وردّ، ولا بأس في ذلك، فكل ابن آدم خطّاء والطريقة الوحيدة للتقدم هي أن نتعلم من بعضنا البعض.

أدعو الله أن يعيننا على تطبيق هذه الموعظة البسيطة الشاملة وهي التواصي بالحق، اللهمّ اجعلنا من الذين آمنوا وعملوا الصالحات وتواصوا بالحق وتواصوا بالصبر. آمين

الفصل الرابع

إياكم والظنّ

ذكرت سورة الحجرات ذات الترتيب التاسع والأربعين، قائمة طويلة من الأخلاقيات والمبادئ التي يجب أن يتحلّى بها المسلم والتي إذا التزمنا بها نتعلّم كيف نعيش معاً في مجتمع طيب وكيف نتعامل مع بعضنا البعض بل ومع البشرية جمعاء، وكل بند منها يحتاج إلى موعظة وحده، لذا أحثكم على قراءتها بأنفسكم والتفكر بها عوضاً عن سردها والمرور على كل واحدة بالتفصيل. في هذه الموعظة سألقي الضوء على عبارة واحدة ضمن هذه الآية:

يَـٰٓأَيُّهَا ٱلَّذِينَ ءَامَنُوا۟ ٱجْتَنِبُوا۟ كَثِيرًا مِّنَ ٱلظَّنِّ إِنَّ بَعْضَ ٱلظَّنِّ إِثْمٌ... ﴿١٢﴾
(الحجرات ٤٩ : ١٢)

وأبدأ بالآية التي سبقتها بقوله تعالى: "يَا أَيُّهَا الَّذِينَ آمَنُوا لَا يَسْخَرْ قَوْمٌ مِّن قَوْمٍ عَسَىٰ أَن يَكُونُوا خَيْرًا مِّنْهُمْ"

كثيراً ما نلاحظ في برامج الكوميديا ورسومات الكاريكاتير أن هناك استهزاء من عرق محدد، ونرى قوالب نمطية مضحكة عن العرب أو المكسيكيين أو السود أو البيض أو الآسيويين أو الهنود، تتعلق بطريقة

الكلام أو اللباس أو الأكل، تجعل منهم أضحوكة، وهذا منهي عنه لأنه يهين هذه الشعوب ويجعلهم مادة للاستهزاء والسخرية والنظر إليهم باستعلاء مما يؤدي إلى التعصب المقيت.

على كل حال، موضوعنا هو الظّنون، التي تتكون نتيجة السخرية والاستهزاء، والتي تبدأ بادعاء المتحدث أنه يمزح أو يروي دعابة، وينتهي الأمر برسم صورة في ذهنك بناءً على ما سمعته، أي: يبدأ الموضوع بنكتة وينتهي بقناعة تامة أن أولئك الذين تهزأ بهم منذ مدة طويلة هم كذلك فعلاً، وهذا لا يتعلق بالعرقيات فحسب بل بالأديان أيضاً على اختلافها فالهنود الباكستانيون، على سبيل المثال، يسخرون من الهندوس والسيخ وهذا غير مقبول، وقد يردد سكان البنغلاديش نكت الباكستانيين والعكس بالعكس، مما يؤدي إلى تشكيل صور نمطية عن بعضهم البعض ومن ثم التعصب الأعمى. ويصبح الأمر عادياً وينتهي بتعزيز القوالب النمطية، فعندما ينظرون إلى شخص من عرق مختلف يتخيلون صورة مضحكة له في أذهانهم وحكم مسبق وهذا بذاته إثم.

من اللافت أنه لا يوجد في القرآن توبيخ على مجرد التفكير لأننا نحاسب على أعمالنا، فإذا هممت بأمرٍ سيء ولم تفعله فلا بأس. ولكن هناك استثناء لهذه القاعدة: "إنما الأعمال بالنيات وإنما لكل امرئٍ ما نوى"، بالإضافة إلى أمر الله لنا أن نتجنب كثيراً من الظنّ مع أنه مجرد تفكير ولم يتبعه أي كلام أو فعل.

هناك أمر عجيب في هذه الآية، فقد سبقها النهي عن السخرية من أحد وهذا مفهوم، لأنّه ينطوي على قول أو فعل شيء، ثم تبعها النهي عن

٤٣

التجسس والغيبة وهذه أفعال يرتكبها الناس، ولكن هنا الله سبحانه يعلّمنا كيف نفكر، وهذا غاية في الأهمية لأننا إن لم نغير طريقة تفكيرنا فلن تتحسن أحوالنا بل ستسوء أكثر فأكثر، لأن المعاصي التي ذكرها الله من غيبة وتجسس تبدأ بأسلوب معين من التفكير، وهو كثرة الظنّ، فكان الأمر لنا بتجنبه.

بالعودة إلى الآية، أصل كلمة "اجتناب" هو "جَنْبْ"، فمثلاً يستلقي الناس على جنوبهم، وإذا سافرت بالطائرة أو القطار فإن المسافر الجالس بجانبك هو "الصاحب بالجنب"، وهو ذاته الذي تلتقيه في غرفة الاستراحة في الفندق أو عيادة الطبيب، وسمّي بذلك لأنه يجلس قريباً منك. ومعنى "الاجتناب": تحاشي أو تجنّب شيء موجود بقربك، وتخشى من خطر التأثر به لذا عليك الابتعاد عنه، وهذا يعني أنه لا بد وأن تساورنا الظنون التي لا تنفكّ عنا أبداً، وهذا ما توحيه كلمة "اجتناب" وهي على وزن "افتعال"، بمعنى بذل الجهد في فعل شيء ما، وهكذا الظنون فهي لا تخطر ببالك دون وعي منك. فابدأ منذ الآن ببذل الجهد حتى لا تقع فيه حتى لو لم تحاول من قبل.

لا تأتي الظنون تلقائياً مثل التنفس، فكلمة "اجتناب" تعني : حين يأمرنا الله عز وجل الابتعاد عن أي فعل، علينا أن نكون على حذر ويقظة خوفاً من الوقوع فيه، لا أحد معصوم من الذنب مهما بلغ من التقوى والصلاح، لو لم يكن هذا الأمر خطيراً لأمرنا الله سبحانه بالقول : "لا تظنوا" ، وخير الكلام ما قلّ ودلّ، ولكنّه سبحانه أمرنا باجتناب كثيراً من الظن، وهذه العبارة فيها إطالة فبدل القول: لا تظنوا، الله سبحانه يقول لنا :"اجتنبوا كثيراً من الظن" لأنه متواجد بالقرب منا دوماً.

ثم ذكر سبحانه كلمة "كثيراً" وهذا عجيب، فسيدنا إبراهيم عليه السلام حين دعا الله : "وَاجْنُبْنِي وَبَنِيَّ أَن نَّعْبُدَ الْأَصْنَامَ" (إبراهيم 35:14) ، لم يضف كلمة "كثيراً"، وفي قوله تعالى: "وَاجْتَنِبُوا الطَّاغُوتَ" (النحل ٣٦:١٦) وليس "اجتنبوا من الطاغوت" في حين أنه حين ذكر "الظن" قال: "من الظن"، أي أن الظن سيظل دوماً قريباً منك فعليك أن تبعده عنك مراراً وتكراراً، بمعنى آخر، في كل حوار نقوم به فإن احتمال الظن بأحدٍ ما وارد، ينبغي أن نضع هذه الحقيقة نُصب أعيننا ونعيها جيداً.

وقبل أن نكمل موضوع الاجتناب، لنلق نظرة على كلمة "الظنّ"، هذه الكلمة من المتضادات، فحين تساورك الظنون حول أي موضوع، فمن الواضح أنك لا تعلم حقيقته ولا عن أي شيء تتكلم، وفي نفس الوقت فإنّه يزداد لدرجة أنك تصبح مقتنعاً به، لذا نجد في القرآن قوله تعالى:

ٱلَّذِينَ يَظُنُّونَ أَنَّهُم مُّلَـٰقُواْ رَبِّهِمْ... ﴿٤٦﴾

(البقرة ٢ : ٤٦)

الظن هنا هو اليقين بلقاء الله سبحانه، فقبل الإيمان كان عندهم بعض الظنون، هل سيلقون الله أم لا؟ وبعد أن تذوقوا حلاوة الإيمان أصبح الظنّ يقيناً وقناعة تامة أنهم ملاقو ربّهم بالتأكيد، في حين أن الكفار يقولون أنه لا يوجد سوى الحياة الدنيا:

... وَمَا يُهْلِكُنَآ إِلَّا ٱلدَّهْرُ ۚ وَمَا لَهُم بِذَٰلِكَ مِنْ عِلْمٍ ۖ إِنْ هُمْ إِلَّا يَظُنُّونَ ﴿٢٤﴾

(الجاثية ٤٥ : ٢٤)

ماذا معنى هذا ؟ أولاً حين يساورك الظنّ بشأن شخص ما فتبغضه دون سبب واضح (لأنه ليس ملتحياً أو لأنه يرتدي بنطالاً ،لأنك تعتبره مثل الكفار!)، أنت لم تصدر أية أحكام عليه في البداية ولكن مع مرور الوقت تتولد لديك قناعة تامّة بأن ظنّك في محلّه، ويتعدى الأمر إلى التعميم (جميع الأفارقة أو البنغاليين أو سكان نيجيريا أو بنغلاديش أو الأتراك يتميزون بكذا وكذا)، وتدّعي أنك تعرفهم حقّ المعرفة .

الله سبحانه يأمرنا أن نجتنب كثيراً من الظنّ، ليس فقط حول العرقيات المختلفة، بل داخل بيوتنا أيضاً، قد تخبرك زوجتك بأمرٍ ما فتفترض أن له معنىً سيئاً غير الذي قصدته، أو قد يقول الزوج كلاماً تحسبه الزوجة استهزاءً بها، مثلاً إذا أبدى إعجابه بطبخها ذات يوم فإنها تظنّ أنه يتهكّم عليها لأن الطعام لم يعجبه. تذكر دوماً أنك لا تمتلك موهبة التخاطرعن بُعد كي تفهم ما يفكر به الآخرون. وقد يصل الظنّ بالبعض إلى طريق مسدود، مثلاً : اثنان يسيران في الشارع فيلقي أحدهما التحية على الآخر، فيظنّ أن سبب السلام هو رغبة صاحبه بالظهور بمظهر الأفضل، أو أنه يود اختباره إذا كان سيردّ التحيّة أم لا، وقد يرى آخر أن التحية ألقيت بأسلوب يحمل معاني دنيئة ونظرات كريهة .

قد يظنّ بعض القرّاء أنني أتحدث عنهم ويتساءلون في أنفسهم : من أخبره عنا؟ لقد ألقيت خطبة قبل مدة عنوانها:"وَقُولُوا لِلنَّاسِ حُسْنًا"(البقرة 2:83)،وتناولت فيها موضوع الكلام بالحسنى لأننا بحاجة ماسة إلى ذلك، وتطرقت إلى اجتناب الظنّ وأن نتلطف بالكلام مع الناس، وبعدما انتهيت، جاءني أحد الإخوة متسائلاً: "من دفع لك لتقول هذا الكلام؟ "هل أخبرك عني؟" .... يا إلهي ...هذا هو الظنّ بعينه .

لا يمكنك الافتراض أن هناك من يتحدث عنك بالسوء، إذا اقترح أحدٌ عليك شيئاً أو قدم لك نصيحة فلا تظننّ أنه يقصد إهانتك وجرح كبريائك، قد تكون نيّته سليمة اتجاهك، فإذا سيطرت الظنون على حياتنا، فلن نتمكن أبداً من التواصي بالحق ولن يتقبل أحدنا نصيحة أخيه، بل سيساورنا الشك بوجود أجندات خاصة للناصحين لنا.

لا يقتصر الظنّ على علاقاتنا العائلية والاجتماعية، بل إنه يحدث بيننا وبين الدعاة والعلماء، فتجد أحدهم لا يستمع إلى دروس الداعية فلان لأنه قال كذا ولا بد أنه يقصد معنىً سيئاً ويتهمه بأن لديه أجندة معينة. تذكر أن علماءنا ودعاتنا ليسوا معصومين، وجميع البشر، عدا رسل الله سبحانه وتعالى، يرتكبون الأخطاء، فلكل جوادٍ كبوة ولكل عالمٍ هفوة، فالكمال لله وحده، نحن لسنا علماء لنتفق أو نختلف مع الدعاة، وعلينا ألا نغفل إنجازاتهم وأعمالهم الصالحة في خدمة الدين، ولا يمكن اختزالها في هفوة واحدة. تخيل لو أنني مكان ذلك الداعية؟ تخيل لو أن أحداً ما تذكر شيئاً قلته قبل خمسة أعوام وصار يحرض الناس على عدم الاستماع إلي! لا شك أننا نخطئ، ولكن التركيز على معلومة واحدة وبناء الظنون حول شخصية صاحبها يعني الاغتيال له، ناهيك عن أن هناك أناسًا لا يتابعون المحاضرات الإسلامية أو يقرأون الكتب أو يحضرون الدروس للتفقه في الدين، بل ينتظرون أية فرصة للتهجم على صاحبها، من المفترض أن نيّتهم التقرب لله ولكن الظنّ غلب على تفكيرهم .

يا إلهي، ما الذي يحدث؟ ألا يوجد شيء أفضل لينشغلوا به؟ لماذا كل هذه الظنون؟ لماذا تصطادون في الماء العكر؟ لماذا تضيعون وقتكم في البحث عن أخطاء بعضكم البعض بدل العمل معاً لنشر كلمة الحق؟ هل انتهت أمة

الإسلام من تعلّم كتاب الله لتتفرغ في البحث عن أخطاء دعاتها وعلمائها؟ لا وقت لدينا لهذه التفاهات التي لا تستحق إضاعة الوقت والجهد، فبدل أن ننشر كلام الله ننشغل بتأكيد الظنون.

الله سبحانه يقول في الجزء الأخير من الآية:" إِنَّ بَعْضَ الظَّنِّ إِثْمٌ"، وقد ذكرنا آنفاً أن الظنون تصبح قناعات راسخة مع الوقت، ولكن أحد معاني الإثم هو:"الجزاء"، أي أنه ليس مجرد خطيئة عادية، بل ستدفع ثمنها وسيرى الآخرون تبعاتها، فهي ليست مثل بقية الذنوب التي تكتبها الملائكة، ويوم القيامة ترى آثارها، تظهر شرور الظنّ في الدنيا أيضاً حيث تفسد علاقات الأخوة وتتمزق العائلات لأنها تحمل الكلام على محمل آخر، وقد تنجر الأمة بأكملها إلى حرب مدمّرة لنفس السبب. فكم فضيحة سياسية وقعت بسبب الظنّ؟ تنتشر إشاعة حول أحد السياسيين بدون أي دليل، وتبدأ أحداث الشغب في الشوارع، فيموت الكثير من الناس وتتعطل الأشغال، هذا يحدث في أي بلد .

إنّ موضوع الظنَ خطير للغاية، فهو لا يُفسد الحياة الشخصية والاجتماعية فحسب، بل قد يدمّر دولاً وأمماً بأكملها، هل تذكرون الإشاعة حول وجود أسلحة الدمار الشامل؟؟ ملايين البشر قُتلت بسببها لأن هناك من صدّقها، فاجتناب الظن نصيحة لكل البشرية وليست خاصة بالمسلمين فقط، ففي الآية التي تليها خاطب الله عز وجلّ جميع البشر "يَا أَيُّهَا النَّاسُ" ثمّ "وَجَعَلْنَاكُمْ شُعُوبًا وَقَبَائِلَ لِتَعَارَفُوا"،فالغاية من العلاقة بين الأمم هو التعارف وليس الظنّ ببعضهم البعض، وفي الآية التي سبقت خاطب المؤمنين وأمرهم باجتناب الظن، فما الحكمة البليغة التي نتعلمها هنا؟

لقـد خاطـب الله المؤمنـين قبـل البشرية، لأنـه مـن المفـترض أن يكونـوا قـدوة في: عـدم التعميـم أو الاستهـزاء بالنـاس، والابتعـاد عـن الظـنّ والتواصـل البنّـاء وعـدم إصـدار الأحكـام والالتـزام بالصمـت قبـل التيقـن مـن الحقيقـة .

قد يسألك أحدٌ ما عن رأيك في الإمام الفلاني مثلا، فتقول إنك لا تعرف الكثير عنه ولكنك تعتقد أنه مسيء....يكفي أن تقول أنك لا تعرف عنه ما يكفي، وتظنّ به خيراً وابحث دائما عن عذر لأخيك، فلو سمعت بعض الشبهات حوله ونشرتها دون تثبُّت، فقد عصيت الله عز وجل ولم تعمل بسنة نبيّه ﷺ، درّب نفسك على عدم الخوض في الشائعات والظنون التي تنتشر كالنار في الهشيم وتصبح حقائق يصدقها الناس ويتخذون قرارات بناء عليها.

يجب علينا أن نرى الأشياء بوضوح وألا نتخذ أية خطوة إلا بعد التأكد من المعلومات سواء على مستوى الحياة العائلية أو العملية أو المجتمعية وحتى في الأخبار التي تنشر تفاصيل صادمة أحياناً فنشعر بالغضب، يجدر بنا التريث والتحقق دوماً من خلال تحقيقات صحفية موسعة قبل اتخاذ أي افتراضات حول جميع الناس أو حدث محدد، لأن صناعة الإعلام بكاملها مبنية على فكرة بيع الخوف والوهم، فكيف نثق بها؟

قال تعالى: "إِن جَاءَكُمْ فَاسِقٌ بِنَبَإٍ فَتَبَيَّنُوا" (الحجرات ٤٩:٦) وفي قراءة أخرى (فتثبتوا) :أي لا تكتفي بالاستماع، عليك أن تتأكد قبل أن تصدر أحكامك، فإياك والظنّون.

أدعو الله أن يعيننا لنعيش هذه المبادئ مما سيجعل حياتنا وحياة عائلاتنا ومجتمعاتنا وأمتنا أفضل بكثير من هذه الأيام.

جعلنا الله وإياكم ممن لا يتتبعون زلات وهفوات الآخرين بل يتعاملون بنزاهة ومحبة مع الجميع، وأدعوه عزّ وجلّ أن يوحّدنا على دينه وأن يعصمنا من التفرقة وأن يجمع قلوبنا على قلب رجل واحد.

الفصل الخامس

القيـادة

في كثيرٍ من الأحيان يسهل علينا أن نستذكر عظمة النبي ﷺ والنموذج الرائع لنا كقدوة حسنة، ولكن يصعب علينا تأمل حالنا لندرك مدى بعدنا عن التأسي به، فالله سبحانه لم يبعث رسوله العظيم كي نثني عليه، بل لنستنّ بسنته ونقتفي أثره ونسدد ونقارب ما أمكننا ذلك. وقد سلط سبحانه الضوء على صفة القيادة لرسوله ﷺ في هذه الآية، علماً أنه ﷺ لعب أدواراً عديدة أخرى ،فكان الأب والزوج والجار......

حين نتعلّم شيئاً عن رسولنا ﷺ علينا أن نسأل أنفسنا: كيف نستفيد من هذه الصفات كقادة؟ قد يقول القارئ: لكني لست قائداً، فهذا لا ينطبق عليّ! في الحقيقة هذا الكلام موجّه لكل الأمة، قال تعالى:

كُنتُمْ خَيْرَ أُمَّةٍ أُخْرِجَتْ لِلنَّاسِ ... ﴿١١٠﴾

(آل عمران ٣ : ١١٠)

فلكل واحد منا أدوارٌ قيادية بشكلٍ أو بآخر تتفاوت في وضوحها، فالرجل الذي له زوجة وأبناء هو فعلياً قائد أسرة، وحين يتعلّم أي شيء عن قيادة الرسول ﷺ في أهله، عليه أن يطبقها. بعضكم يعملون مدراء مكاتب،

عليكم أن تتبعوا سنّة نبيكم القائد مع مرؤوسيكم، والمعلمون منكم هم قادة في صفوفهم ويجب عليهم أن يطبقوها مع طلابهم، والبعض يدير مؤسسة أو مسجداً أو مدرسة، فكلكم راعٍ ومسؤول عن رعيته، سواء عملتم بدوام كامل أو جزئي، قليلاً أم كثيراً، لا بد من وجود تسلسل وظيفي وقيادة، وفي كثير من الحالات أنت تتبوأ مكانة القائد حتى لو كان دورك القيادي محدود. تذكر هذه المعلومة فهي ليست خاصة برسول الله ﷺ وسيرته فحسب، بل تخاطب كل واحد منا ..

الله عزّ وجلّ أنزل هذه الآية بعد غزوة أُحد، حيث تحدث بالتفصيل في حوالي ستين آية من سورة آل عمران عن التجاوزات التي وقعت في تلك المعركة التي انتصر فيها المسلمون ، ومن قبلها في معركة بدر رغم قلة عددهم مقابل جيش الكفار الكبير والمجهز، وقتلوا سبعين من صناديدهم، ولكن في معركة أُحد حدث العكس، بدأت بالنصر ولكن بسبب خطأ استراتيجي واحد من قبل الرماة (وهم بمقام القناصة اليوم)، الذين عيّنهم رسول الله ﷺ على الجبل وأمرهم بالبقاء في أماكنهم وعدم تركها حتى لو رأوا الطير تأكل من جثث المسلمين (أي لو قُتل جميع المقاتلين المسلمين)، ولكنهم رأوا أن الغلبة للمسلمين:

وَلَقَدْ صَدَقَكُمُ ٱللَّهُ وَعْدَهُۥٓ إِذْ تَحُسُّونَهُم بِإِذْنِهِۦ ۖ ... ﴿١٥٢﴾

(آل عمران ٣ : ١٥٢)

أي أن الله صدقكم وعده حين جعلتم العدو يشعر بحمى وطيس المعركة فقد كنتم تقتلون عدوّكم وتدحرون جيشه، فهرب الكفار، وعندها اختلف الرماة هل يبقون في أماكنهم كما أمرهم النبي ﷺ، أم ينزلون عن

الجبل لأن المسلمين انتصروا وهرب المشركون؟ هذا الاختلاف في الرأي بين الصحابة رضوان الله عليهم كان مشروعاً، لم يكن الموضوع أن بعضهم قرر أن يعصي الرسول ﷺ والبعض الآخر لم يفعل، بل هم جميعاً سمعوا ما قاله النبي ﷺ وكل واحد منهم فهمه بطريقته، وهذه ليست المرة الأولى، فقد حدثت مع الصحابة في عدة مناسبات، ولم تكن المشكلة، هذه المرة، مجرد اختلاف في الفهم بل كانت كسر التسلسل القيادي، فالصحابي المسؤول - قائد الكتيبة- أمر الرماة بالبقاء في أماكنهم، ومن المفروض أن يطيعوا أمره حتى لو خالفهم في الرأي، لأنّ رسول الله ﷺ هو الذي عيّنه، هنا كان جوهر المشكلة.

نـزل الرمـاة عـن الجبل، فرآهـم خالد بن الوليـد، رضي الله عنـه، ولم يكن قـد أسـلم بعد وكان عسـكرياً محنّكاً، وأدرك أن القناصة تركـوا مواقعهم الاسـتراتيجية، فاسـتدار بجيشـه وهاجـم المسـلمين من الخلـف فانقلب المشـهد رأسـاً عـلى عقـب، وسـادت الفـوضى واختلـط الحابـل بالنابل. فوجـئ المسـلمون ولم يعلمـوا مـن أيـن جـاء المشركـون ولا مـاذا حدث حتـى إن رسـول الله ﷺ تعـرض لضربة قويـة فأغمي عليـه وعندما أفاق كان وجهـه الشريـف مضرجـاً بالدمـاء وانتشرت إشـاعة أنه قتـل، فأنزل الله سـبحانه الآية:

﴿وَمَا كَانَ لِنَفْسٍ أَن تَمُوتَ إِلَّا بِإِذْنِ ٱللَّهِ ... ١٤٥﴾
(آل عمران ٣: ١٤٥)

من شدة الفوضى، تخيل أن صحابياً مثل عمر بن الخطاب، رضي الله عنه، رمى سيفه وجلس على الأرض ولسان حاله: لماذا نقاتل ورسول الله ﷺ

قد قتل؟ وانهارت معنويات المسلمين، ثم ما لبثت أن ارتفعت حين علموا أن رسول الله ﷺ حيٌّ يُرزق، فتراجعوا واحتموا بالجبل:

﴿ ۞ إِذْ تُصْعِدُونَ وَلَا تَلْوُونَ عَلَىٰٓ أَحَدٍ ... ۞ ﴾

(آل عمران ٣ : ١٥٣)

الله عز وجلّ يصف هروبهم إلى الجبل حيث استمات البعض لإنقاذ نبيّهم ﷺ وسط الفوضى العارمة، ولكن هرب آخرون تاركين النبي ﷺ خلفهم يدعوهم:

﴿ ... وَٱلرَّسُولُ يَدْعُوكُمْ فِىٓ أُخْرَىٰكُمْ ... ۞ ﴾

(آل عمران ٣ : ١٥٣)

ثم أمدّهم الله سبحانه عليهم بالشجاعة فعادوا إلى القتال ولحقوا المشركين بعد أن انتهت المعركة التي استشهد فيها سبعون من خيرة الصحابة من بينهم حمزة عمّ النبي ﷺ، واشتدّ حزن النبيّ ﷺ حين رأى منظر عمه. كل هذه المصائب بدأت بعصيان أمر واحد.

عادةً، لا تتعرض القيادة لاختبار حقيقي حين يتبع المرؤوسون الأوامر، بل حين يخيبون آمال قائدهم ويعصونه، فيغضب بشدّة لأنهم ارتكبوا خطأً شنيعاً: لم يتبعوا تعليمات واضحة، فهؤلاء الرماة (أو القناصة) توقعوا أن يسمعوا من حبيبهم رسول الله ﷺ كلمات توبيخ وتقريع لأنهم خذلوه، لا بدّ وأنهم شعروا بالخوف الشديد من فعلتهم.

٥٤

لنتأمل هذا المشهد ، أنت ارتكبت خطأً في عملك، كان عليك أن تسلّم المشروع للعميل في الوقت المحدد ولكنك لم تفعل، أرسلت بريداً ألكترونيّاً لم يصل لصاحب الأمر وأنت تعتقد العكس، فوقعت في ورطة، لأن العميل يطالب بإلغاء العقد وبذلك تخسر شركتك الملايين بسبب إهمالك، ومضت عطلة نهاية الأسبوع وعليك أن تقابل مديرك غداً، ماذا تتوقع من اللقاء؟ وهذا كله من أجل خسارة مادية فقط! فما بالك بأولئك الذين تسببوا بإزهاق الأرواح وسفك الدماء، كيف سيكون لقاؤهم بقائدهم الأعلى ﷺ بعد المعركة؟

قبل موعد لقائه مع الصحابة، الله سبحانه أوحى إلى رسوله ﷺ يعلّمه كيف يتعامل كقائد مع أتباعه الذين خذلوه وعصوا أمره، تبدأ الآية بقوله تعالى:

$$\text{فَبِمَا رَحْمَةٍ مِّنَ اللَّهِ لِنتَ لَهُمْ...} ﴿١٥٩﴾$$

(آل عمران ٣ : ١٥٩)

اللغة في هذه الآية تستحق الكثير من الانتباه، البنية اللغوية العادية لها هي: "لنت لهم برحمة الله"، وحين يقع تغيير في ترتيب الكلمات "فَبِمَا رَحْمَةٍ مِّنَ اللهِ" فهذا يعني أن هذا النوع من الرحمة غير مألوف لأنها هبة خاصة من الله الرحيم، رحمة ملؤها المحبة لرسوله كي يتعامل مع الذين عصوه باللين والرفق حين يلتقي بهم بعد المعركة. وهناك فائدة أخرى أود تسليط الضوء عليها هنا في كلمة "ما" في قوله تعالى "فَبِمَا رَحْمَةٍ مِّنَ اللهِ"، النحويون يقولون إن "ما" الزائدة، يمكن القول "فبرحمة من الله"، فإضافتها هنا تفيد التعجب، وفي البلاغة تعني: مستوى غير مسبوق من الرحمة والمحبة

والعطف من الله سبحانه. الله قال "رحمة" وليس "برحمة" التي وردت في القرآن بقوله تعالى:

قُلْ بِفَضْلِ ٱللَّهِ وَبِرَحْمَتِهِۦ ... ﴿٥٨﴾

(يونس ١٠ : ٥٨)

هناك إضافة إلى "فضل الله" و"رحمته" وهو حرف الباء (للتملّك) ، ولا يوجد فاصل بين فضل الله ورحمته، في حين أن الآية التي بين أيدينا : فَبِمَا رَحْمَةٍ مِّنَ اللهِ"، حرف الجر "من" تفصل بين كلمتي "الله" و "رحمة" مما يعطي المعنى بعض الغموض: أي نوع من الحب والرحمة هذا؟ وما مصدره؟ ثم يأتي الجواب : "من اللهِ" ، والخلاصة هي أن الرحمة التي وهبها الله لرسوله وأصحابه تفوق الوصف، لأنه لا يوجد قائد بأخلاقه ﷺ.

من المعلوم أن السيناريو المتبع في قوانين الجيوش أنه حين يرتكب الجندي أي خطأ يتسبب في إزهاق أرواح، تُعقد له محاكمة عسكرية وبعدها إما أن يُحكم عليه بالإعدام أو السجن، بسبب عصيانه أمراً مباشرا. ما حدث في غزوة أُحد كان سيناريوعسكري ، فرسول الله ﷺ قائد الجيش، وسيستمع إلى شهادات الجنود بعد انقشاع غبار المعركة، والله سبحانه يمدحه ويصفه أن رحمته لا مثيل لها ويقول لنبيه: "لِنْتَ لهم"، الفعل "لانَ" عكس "خَشُنَ"، وقد تكون الخشونة في الكلام أو الأفعال أو الإيماءات حتى في السكوت .قد تغضب من طفلك فتتعامل معه بخشونة، ليس بالصراخ ولا بالكلام بل بالنظرات، حين تغضب الأم من طفلها فإنها لا تنظر إليه فيدرك شعورها دون أن تتفوه بكلمة، ولكنها تتصرف بخشونة تبدو واضحة في تعابير وجهها. الله عزّ وجلّ حين أخبر رسوله ﷺ : "لِنْتَ

لهم"، لم يحدد في أي شيء كان اللين، في كلامه أم تعابير وجهه أم مشاعره أم تفاعله معهم أم بنظراته إليهم، ترك الفعل مفتوحاً لكل الافتراضات، الله سبحانه يعدّه للقاء الصحابة بعد المعركة.

فيما يتعلق بكلمة "لين"، يُقال: "تليّنَ"، بمعنى تذلّل أو تملّق وتودّدَ، وإحدى إيحاءات "لِنْتَ لهم": حين تلتقي بهم يا محمد أذكرهم بالخير، حتى وإن كان هدف اللقاء مناقشة عصيانهم وليس للحديث عن فضائلهم. فقد كانوا يشعرون بالإحباط والحرج، إنهم بشر ويخطئون، لقد آمنوا برسولهم وقدموا التضحيات في سبيله من قبل، وما ارتكبوه لا يلغي أعمالهم الصالحة الكثيرة، فكان عليه أن يقول لهم قولاً ليناً لإنهم بحاجة إلى رفع معنوياتهم، وهذا ما لم يتوقعوه من رسولهم وقتها..

نرى هنا نموذجاً استثنائياً للقيادة، فالمدراء التنفيذيون والشركات يدفعون ملايين الدولارات من أجل تحفيز العاملين. بعضكم يحضر اجتماعات مملة تُعرض فيها مئات الشرائح، وقد ينام أثناء الاجتماع وفي النهاية يعلن المحاضر أن الهدف هو تحقيق رقم قياسي للمبيعات يفوق العام المنصرم، ويصفق الجميع مهللين، هذا التحفيز من أجل الربح المادي، لذا فهو مصطنع .وهذه ليست قيادة حقيقية مقارنةً بالنموذج النبويّ الذي يمثله سيدنا محمد ﷺ الذي جعل أتباعه عبيداً لله، مخلصين لمن يعاملهم باللين والرفق في وقتٍ لا يتوقعوه أبداً، تلك اللحظة هي تجسيد لمعنى "لنت لهم".

بالعودة إلى كلمة "لَيْنْ"، التي تدهشني، يُقال: "صغى لها بِليانه" أي أنصت بهدوء، "ليان" هنا تعني بدون إصدار أية أحكام، وذلك حين تنصت إلى أحدٍ ما وتنحي غضبك جانباً. سأضرب مثالاً لتقريب المعنى: إذا رسبت

ابنتي في امتحان وطلبت منها أن تشرح لي السبب فإني لا أهتم لما ستقوله لأني أشعر بالغضب الشديد وأعلم أنها لن تقدم أي مبررات منطقية، ولن ينتهي الحوار بضمّها إلى صدري، لقد اتخذت قراري مسبقاً بصرف النظر عما ستقوله.

فالتعبير :"صغى لها بِليانه"، يفيد الانصات بكلّ انتباه دون أن يحمل أية مشاعر سلبية، أي أن رسول الله ﷺ سيصغي بانتباه ومحبة لما سيقوله الرماة ولن يغضب حين يعترفون بذنبهم، كلمة "لين" تعني التمرة الطرية اللذيذة، عليه أن يكون مثلها، ومن معانيها أيضاً "رخاء" أي الراحة والنعيم، وعليه أن يكون مصدر راحة لصحابته لا مصدر حزن وكآبة وشقاء، إذا كان هذا المطلوب من رسول الله ﷺ، فكيف بنا نحن؟ فنحن قادة ، أليس كذلك؟ حين تضايقك زوجتك أو ابنك أو موظفك أو صديقك، كيف تكون ردة فعلك؟ (تذكر أنّ رسولك ﷺ أُمر أن يتعامل باللين والرحمة مع من تسببوا بقتل أحبابه)، نحن نغضب إذا ضاع مفتاح السيارة أو الهاتف النقّال أو لأن أحدهم لم يردّ على المكالمة، هل تتخيل إلى أي حدّ وصلنا وكم نحن بعيدون عن المنهج الرباني؟ ثم ندّعي أننا نحب اتباع رسولنا ﷺ، بأي حقّ نقول ذلك؟ لقد ترك لنا رسولنا ﷺ سيرته وفيها نموذج القائد المثالي، فلله المنة والحمد أننا لم نجرب مثل موقف الرّماة، لأننا سنعجز عن التأسّي بقائدنا وملهمنا.

وتنساب الآيات الكريمة بعدها بقوله تعالى:

... وَلَوْ كُنتَ فَظًّا غَلِيظَ ٱلْقَلْبِ لَٱنفَضُّواْ مِنْ حَوْلِكَ ۖ ... ﴿١٥٩﴾
(آل عمران ٣ : ١٥٩)

تحمل كلمة "فظّ" أكثر من معنى منها: خشن الكلام مع الناس (يقال لمن يتكلم بغلظة وسوء خلق)، حين يصرخ أحدهم بأعلى صوته بحيث يخرج اللعاب من فمه فهذا هو الفظّ، ومنه الفعل "أفظظته" ويعني: سكبت التراب عليه. لو أنه ﷺ صرخ على الرماة بأعلى صوته وسألهم بغلظة عن فعلتهم وعصيانهم لأمره، فهذا معنى قوله تعالى "ولو كنت فظّاً".

قد يقول أحدهم: "رغم أني أصرخ عليك وأقسو عليك بالكلام، إلا أني أحبك وأريد أن أضمك"، هذا ما يفعله بعض الآباء، يغضبون من أبنائهم وبعدها يعبرون عن حبهم لهم، وقد يقدمون لهم الهدايا، لكنّ هذا لا يُلغي أسلوبهم الفظّ. الله سبحانه يعلّم رسوله ﷺ ألا يكون فظّ اللسان قبل أن ينهاه عن قسوة القلب، أي لا يجدر به أن يحمل أي ضغينة على أصحابه العصاة.

نتعلّم من الآية كيفية التعامل مع مشكلتين، الأولى: الكلام الخشن الذي يتبعه التعبير عن الحب لأي إنسان سبب لنا الأذى، إذ علينا أن نترفق به، دون أن نحمل في قلوبنا أي ضغينه اتجاهه. كثيراً ما تدّعي الأم أو الأب أو الزوج أنهم ليسوا غاضبين، في حين أن قلوبهم مليئة بالأسى.

أما المشكلة الثانية فهي غلظة القلب، ومعنى كلمة "غليظ": ما لا يدخل فيه شيء، فإذا كنت غليظ القلب فسوف تستبعد أولئك العصاة وتتخلّى عنهم، وتقصيهم من حياتك حتى لو تظاهرت بالرفق معهم، لأنك تعتقد أنه لا فائدة تُرجى منهم، هذه هي غلظة القلب بعينها.

إذن هناك أمران للرسول ﷺ، الأول: اللين والرقة في الكلام وبشاشة الوجه وأن يقول عنهم خيراً وأن يهدىء من روعهم وأن ينصت إلى كلامهم باهتمام، بمعنى آخر، أن يضبط عواطفه وأن يضع مشاعر الحزن جانباً حين يلقى أتباعه. والأمر الثاني: لو أن رسول الله ﷺ تصرف مثل القادة العاديين الذين يفقدون أعصابهم ويصرخون، فماذا سيحدث؟ "لَانفَضُّوا مِنْ حَوْلِكَ"، اللام هنا للتوكيد، وقد قال بعض العلماء أن "اللام" هنا تفيد "القَسَم" بأن الصحابة سيبتعدون عنه لو تصرف بفظاظة وغلظة، ولو أنه على حقّ، ويتلقى الوحي من السماء ويشهد بالتوحيد ويعلّم الناس، ولكن إذا افتقد صفةً واحدة وهي اللين والرفق، فإنّ الله عزّ وجلّ يؤكد أنهم سينفضون عنه رغم أنهم مستعدون للموت في سبيل الله .

معنى كلمة انفضاض في الآية (لَانفَضُّوا مِنْ حَوْلِكَ): ما تفرق عند الكسر، الله سبحانه لم يقل "لفرّوا" بمعنى هربوا وابتعدوا، لأن كلمة "انفضّ" تعني أن الشيء الذي انكسر وأصبح قطعاً متناثرة، لا يمكن إصلاحه ليعود كما كان، أي أنّ الصحابة سيبتعدون عنه دون رجعة، حتى لو تراجعوا فلن تعود اللُحمة والوحدة بينهم إلى سابق عهدها .

الله سبحانه يعلّم رسوله ﷺ درساً في القيادة: "وَلَوْ كُنتَ فَظًّا غَلِيظَ الْقَلْبِ لَانفَضُّوا مِنْ حَوْلِكَ"، وهذه الأيام نرى المسلمين يغضبون لأتفه الأسباب لأنهم لا يتأسّون برسول الله ﷺ ولا يعملون بكتابه عزّ وجلّ مما يجعلهم ساخطين على أنفسهم .

لم تنته الآية بعد، الله سبحانه يختمها بقوله:

﴿... فَٱعۡفُ عَنۡهُمۡ وَٱسۡتَغۡفِرۡ لَهُمۡ وَشَاوِرۡهُمۡ فِي ٱلۡأَمۡرِۖ فَإِذَا عَزَمۡتَ فَتَوَكَّلۡ عَلَى ٱللَّهِۚ إِنَّ ٱللَّهَ يُحِبُّ ٱلۡمُتَوَكِّلِينَ ١٥٩﴾

(آل عمران ٣: ١٥٩)

الله عزّ وجلّ يأمر نبيّه ﷺ بالعفو عنهم والاستغفار لهم، وألا يشعر بأي غضب عليهم، والأمر الثاني، أن النبيّ ﷺ سيدعو لشهداء معركة أُحد ولعمه حمزة ،رضي الله عنه، أن يدخلهم الله الجنة وسيدعو للرماة الذين تسببوا في الفوضى التي وقعت، وهذا امتحان للقيادة.

حين يصفو قلبك وتدعو لوالديك ولأحبتك، يمكنك عندها أن تدعو لأولئك الذين خذلوك وآذوك، وهذا سلوك القائد، ولا شكّ أن الدعاء لن يكون جهريّا وعلى الملأ، بل بينك وبين نفسك، لأن الدعاء للآخرين علناً قد يتسبب بإحراجهم وكأنك توجّه إليهم اللوم، ينبغي عليك الدعاء لنفسك ثم بالمغفرة لهم والتمكين وأن يطهر قلوبهم من الحقد والغلّ لأي مسلم، لأن كل بني آدم خطّاؤون.

لم ينته الأمر بعد، فيا محمد، أشركهم في الاجتماعات وشاورهم في اتخاذ القرارات الهامة، وخذ آراءهم على محمل الجدّ، تخيّل! هذا الكلام حول الرماة الذين عصوا الأوامر في معركة أُحُد، وحصل ما حصل في المعركة بسببهم. وقد شاورهم رسول الله ﷺ بالفعل في الاجتماع الذي عُقد من أجل غزوة الأحزاب، فكان لسان حال الصحابة: هذا التصرف لا يصدر إلا عن رسول الله ﷺ، لأنه لا يوجد من البشر من يملك هذا القلب الكبير.

الله سبحانه وتعالى أوحى بهذا التشريع فبدأ الآية بقوله: "فَبِمَا رَحْمَةٍ مِّنَ اللهِ"، لذا لا نستبعد مشورة من تسببوا بالأذى لنا في الماضي، بل نأخذها على محمل الجدّ، كثيراً ما نتظاهر أننا نسمع للآخرين ولكننا في حقيقة الأمر لا ننصت باهتمام كافٍ، وهذا لا يجوز، لقد كان رسول الله ﷺ صادقاً في كل أمر: "وَشَاوِرْهُمْ فِي الْأَمْرِ فَإِذَا عَزَمْتَ فَتَوَكَّلْ عَلَى اللهِ (إذا اتخذت القرار ثق بالله)،لأن النجاح غير مضمون إلا بمشيئة الله وحده "إِنَّ اللهَ يُحِبُّ الْمُتَوَكِّلِينَ".

ما الدرس المستفاد من هذا كله؟ أن نضع ثقتنا بالله عزّ وجلّ وحده، لأننا لا نثق بقادتنا وحتى هم لا يثقون بأنفسهم ، بالإضافة إلى أننا حين نتخذ أي قرار لا ينبغي أن نفرضه على أتباعنا بحجة أننا قادة وأننا لا نخطئ، بل علينا أن نتوكل على الله وندعوه أن يوفقنا لما فيه الخيرلنا ولمن سيتأثرون به من عائلة وأصدقاء وأقارب وغيرهم.

في الحقيقة هذا نموذج رائع للرسول القائد ﷺ، أدعو الله أن يرزقنا ولو أقل القليل من سماته القيادية وسيرته المباركة لنطبقها في حياتنا الشخصية والعائلية والعملية والمهنية والاجتماعية، لتسود المحبة في الله بيننا وللتخلص من الغضب والمشاحنات، لأن إقصاء مبادئ القيادة النبوية من شأنه أن يؤدي إلى انتشار الكراهية والغلظة بين الناس .

اللهمّ اجعلنا من أصحاب القلوب الطاهرة المليئة بالخير للمسلمين وأعنّا على نشرثقافة التسامح بيننا والتغافل عن الزلات....آمين

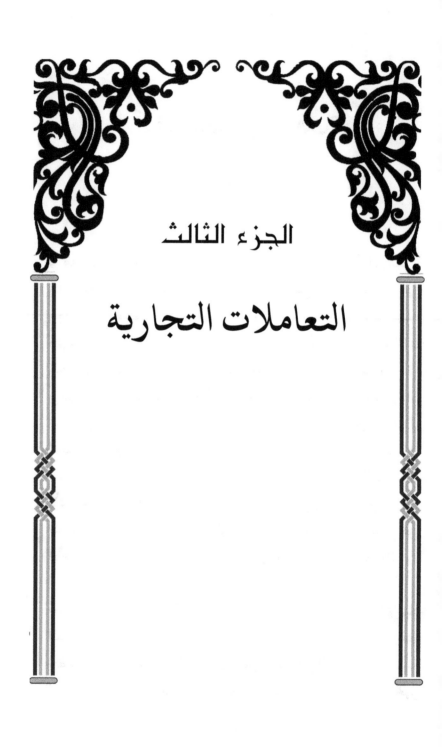

الجزء الثالث

التعاملات التجارية

الفصل السادس

كيف تكسب رزقك؟

�

في هذه الموعظة، سنتدبر معاً آياتٍ من سورة النساء، وهي من أوائل السور المدنية، نزلت بعد الهجرة التي كانت إيذاناً بتأسيس المجتمع المسلم، ففي مكة شكل المسلمون حراكاً سلمياً ولم يكن لهم أي مجتمع، فلم يُسمح لهم بالصلاة جهراً، وكانوا ثلّة مضطهدة مهمّشة، أما في المدينة فقد كان المجتمع متعطشاً للإسلام – فأسلمت قبيلتان كبيرتان من أهلها، ورحبوا برسول الله ﷺ كحاكم للمدينة وسلّموه زمام الأمور منذ وصوله. وكان هناك طوائف من النصارى واليهود، فكان من باكورة أعماله ﷺ خلال الستة أشهر الأولى عقد معاهدة صلح تنظم العلاقات بين مكونات المجتمع الجديد وكان من بنودها الدفاع المشترك عن المدينة إذا تعرضت لأي عدوان. وتوالى نزول الوحي مع وصول النبيّ ﷺ وأصبح يتضمن تشريعات وقوانين في حين أن القرآن المكي لم يتضمن سوى القليل من الأحكام رغم أنها تُشكل ثلثي القرآن الكريم، منها مشروعية الصلاة.

تحمل سورة النساء أهمية بالغة، لأن المجتمع المسلم كان وليداً وعدد المسلمين بضع مئات، ليصبحوا يوماً ما خُمس سكان الأرض وتمتد حضارتهم عبر القارات والأعراق، فأنزل الله لهم التشريعات الكفيلة لتربيتهم على أسس سليمة. أنت حين تبني بناية شاهقة، عليك أن تجهز

أساسات قويّة، وكلما ازدادت متانةً ازداد البنيان ارتفاعاً، وإذا لم تُكرس وقتاً كافياً لبناء الأساس فلن تحصل على مرادك.

هذا المثال ينطبق على إيماننا وعقيدة التوحيد التي ينبغي أن تكون متجذرة بعمق في أنفسنا، علينا أن نفهم معنى الإيمان وأن يترسخ في أذهاننا بحيث ينعكس ذلك على سلوكنا، وحتى في الشريعة، فقد أنزل الله سبحانه أحكاماً أولية تمهد الطريق لما بعدها، فمن التشريعات التي نزلت لمجتمع المدينة:

يَٰٓأَيُّهَا ٱلَّذِينَ ءَامَنُواْ لَا تَأۡكُلُوٓاْ أَمۡوَٰلَكُم بَيۡنَكُم بِٱلۡبَٰطِلِ إِلَّآ أَن تَكُونَ تِجَٰرَةً عَن تَرَاضٖ مِّنكُمۡۚ وَلَا تَقۡتُلُوٓاْ أَنفُسَكُمۡۚ إِنَّ ٱللَّهَ كَانَ بِكُمۡ رَحِيمٗا ﴿٢٩﴾

(النساء ٤ : ٢٩)

وقد ذُكرت في سورة البقرة أيضاً:

وَلَا تَأۡكُلُوٓاْ أَمۡوَٰلَكُم بَيۡنَكُم بِٱلۡبَٰطِلِ وَتُدۡلُواْ بِهَآ إِلَى ٱلۡحُكَّامِ لِتَأۡكُلُواْ فَرِيقٗا مِّنۡ أَمۡوَٰلِ ٱلنَّاسِ بِٱلۡإِثۡمِ وَأَنتُمۡ تَعۡلَمُونَ ﴿١٨٨﴾

(البقرة ٢ : ١٨٨)

ذكرت الآيات أكل أموال الناس بالباطل، والفساد المترتب على اقتران التجارة بالسياسة، يمكن للشركات التجارية الكبرى أن تشتري بعض السياسيين وعندها يدفع المواطن العادي الثمن لأنه لا يملك القوة المادّية للوقوف في وجه الفساد.وبذا تتمكن الشركات الكبيرة من سرقة أموال الناس بالتعاون مع الحكومة والناس نيام فلا داعي لاقتحام البيوت

والسطو على الأموال، بل أصبح ذلك ممكناً من خلال اللوائح والقوانين والالتفاف عليها وغيرها من الوسائل التي لا يدركها العامة، ومن المدهش أن الله سبحانه قبل خمسة عشر قرنًا ذكر ما يحدث اليوم في عالم السياسة.

الله سبحانه نهى عن أكل أموال الناس بالباطل والإدلاء بها إلى الحكام لسرقتها، فالمسلمون كانوا في المراحل الأولية لبناء مجتمعهم وسيكون هناك معاملات تجارية مع بعضهم البعض وعليهم التأكد من مشروعيتها أولاً، سيفتح أحدهم متجراً وآخر محلاً للبيع بالتجزئة. لم ينزل الوحي في هذه الفترة ليتحدث عن إلقاء تحية الإسلام مثلاً مع أنها مهمة ولها أحكامها، ولكن الله عز وجلّ أنزل أحكام التعاملات التجارية أولاً.

لقد أذهلتني الآية الكريمة: "وَلَا تَأْكُلُوا أَمْوَالَكُم بَيْنَكُم بِالْبَاطِلِ"، وبعدها يقول تعالى في سورة النساء: "إِلَّا أَن تَكُونَ تِجَارَةً عَن تَرَاضٍ مِّنكُمْ"، بصرف النظر عن شكل التجارة الحلال التي تمارسها لا بدّ من وجود اتفاقية واضحة لا لبس فيها بين البائع والمشتري. هذا الخطاب كان موجهاً للمسلمين الأوائل، فما بالنا نحن؟ تذهب إلى معرض سيارات فيحاول البائع إخفاء عيوب سيارته المستعملة ويذكر ميزاتها فقط من لون مميز ومصابيح وغيرها، لن يخبرك عن المحرك الذي تسبب ببعض الحوادث في الماضي، وحين تطلب سيارة موديل كذا، يحاول البائع بشتى الطرق إقناعك بشراء موديل آخر ويغريك بسعرها ومواصفاتها، فتوافق. هذا ما ذكره الله عزّ وجلّ.

إذا كنت تعمل في المبيعات، احذر لأنك ستفعل وستقول أي شيء لتسويق بضاعتك، فلا بد من وجود عقد واضح البنود بينك وبين

العميل. لنفترض أنني اشتريت سيارة، سأوقع العقد الذي يتألف من عدة صفحات وعشرات البنود المكتوبة بخط صغير وتصبّ في صالح البائع ضدّ المشتري، وكثيرٌ منها لو فهمته جيداً ما عقدت الصفقة.

باختصار، نحن نفتقد الشفافية في تعاملاتنا المالية. سأضرب مثالاً آخر، تذهب لاستئجار مكتب بسعر خمسين دولار للمتر المربع ومدة العقد أربع سنوات، وبعد سنتين يرفع المالك الأجرة وعندما تعترض وتذكره أنك وقعت عقداً معه، سيخبرك أن هناك بند في الصفحة السابعة، السطر ٥٢، من العقد يفيد أن السعر يعتمد على تقلبات السوق، في الحقيقة تحتاج إلى ميكروسكوب لتقرأه. وحين تكبر الخط ستدرك أن النص مفاده أن المالك يستطيع سحب البساط من تحت قدميك متى شاء، هذا مغزى الآية: "إِلَّا أَن تَكُونَ تِجَارَةً عَن تَرَاضٍ مِّنكُمْ".

لا أتحدث عن حالات الاحتيال هنا، بل عما نفعله نحن، بعضكم محترفون ولكم إنجازاتكم في المجتمع المسلم، وآخرون في عالم التكنولوجيا، منكم المقاولون والمبرمجون والمستشارون ومدراء الشركات والمحاسبون والأطباء، لنفترض أن أحدكم يعمل مبرمجاً في شركة، رئيسه عادةً لا يراقبه طوال الوقت، بل يوفر له هامش من الحرية، فينجز مهمات محددة ثم يرسل التقرير النهائي إليه. قد ينهي العمل في عشرين دقيقة، ويبقى ٧ ساعات لنهاية الدوام ، فكيف ستقضيها؟ البعض يستمع إلى القرآن عاليوتيوب، وكثير من الشركات حجبت هذا الموقع عن أجهزتها، فيعمد الموظف للانشغال بهاتفه النقال، ولكن أنت موظف تتلقى أجراً مقابل العمل، وتظنّ أن العقد الذي وقعته يتعلق بك وبرئيسك فقط، والله يعلّمنا أن كيفية التعامل مع رب العمل هو نوع من أنواع التجارة، فإذا وجدت

نفسك متفرغاً وحتى تكون أمورك واضحة، عليك أن تخبره بذلك فإما أن يعطيك مهمة أخرى أو يسمح لك بالتفرغ المدفوع الأجر.

قد تعمل في شركة تبيع بعض الخدمات لشركة أخرى، وينص عقدك على العمل في مشروع ينتهي في ستة أشهر، ولكنك تستطيع إنجازه في شهرين، ولكن هذا سيكلفك ولا ترغب أن تدفع مبالغ كبيرة، فتلجأ إلى المماطلة وتخبر رئيسك أن هناك متسع من الوقت لأن هناك فواتير يجب دفعها. هذا الأسلوب في العمل غير أخلاقي، وأنت كمسلم،لا يمكنك أن ترضى بذلك لذا عليك أن تقول الحق، وألا تقف مكتوف الأيدي وأنت ترى الناس يمارسون الغش، لا تلتف حول الموضوع بحجة أن الجميع يفعل ذلك وأنك عاجزعن فعل شيء، لو أن كل الناس فعلوه، أنت وأنا لن نفعله لأن ضميرنا حيّ، وسيسألنا الله الجبّار عنه، لذا يجب أن ترتقي معاييرنا في كل تعاملاتنا إلى أعلى مستوى.

على نحو مماثل، بعضكم أصحاب أعمال ولديكم موظفون يعملون تحت إمرتكم، تأكدوا أنهم يفهمون الوصف الوظيفي الخاص بهم تماماً، ما المطلوب إنجازه مقابل الأجر، وما الذي يقع تحت مفهوم التطوع وغير مدفوع الأجر. إياك أن تمارس عليهم أية ضغوطات بلا سبب مشروع، يجب أن يكون الراتب وغيره من التفاصيل واضحاً وخالياً من المفاجآت.

هكذا بدأ المجتمع الإسلامي في المدينة، بتنظيم التجارة والتعاملات المالية، لأن إهمالها سيؤدي إلى انتشار كل أنواع الفساد في المجتمع وليس في التجارة وحدها. حين لا يتحرّى الناس المال الحلال فهذا يعني أنهم انحرفوا عن بوصلة الأخلاق فلا يشعرون ببعضهم البعض، فيموت ضميرهم شيئاً

فشيئاً. لذا كانت الآية التالية :"وَلَا تَقْتُلُوا أَنفُسَكُمْ"، أي لا يقتل بعضكم بعضاً، لأن انتشار الفساد المالي من شأنه أن يرفع نسبة الجرائم التي لا حصر لها، وهذا ما نهى عنه الله عزّ وجلّ :

وَمَن يَفْعَلْ ذَٰلِكَ عُدْوَٰنًا وَظُلْمًا فَسَوْفَ نُصْلِيهِ نَارًا ۚ وَكَانَ ذَٰلِكَ عَلَى ٱللَّهِ يَسِيرًا ﴿٣٠﴾

(النساء ٤ : ٣٠)

أي من يقتل عدواناً وظلماً أو يتسبب في جريمة قتل فإن مصيره إلى النار. الله سبحانه لا يخاطب الكافرين في هذه الآية ذات الجرْس القويّ، بل الكلام موجه إلى المؤمنين الذين إذا فسدوا فمآلهم النار، فإياك أن تتمسح بالإسلام أو تدّعيه وأنت لا تمتثل لأحكامه وتعاليمه لأن الإيمان ليس مجرد إعلان باللسان بل منهج حياة، ينعكس في أعمالنا وعلاقاتنا .

أما فيما يتعلق بأسباب نزول هذه التشريعات والأحكام ، فهي في قوله تعالى:

يُرِيدُ ٱللَّهُ أَن يُخَفِّفَ عَنكُمْ ۚ وَخُلِقَ ٱلْإِنسَٰنُ ضَعِيفًا ﴿٢٨﴾

(النساء ٤ : ٢٨)

أنت تسعى جاهداً لمضاعفة أرباحك، رغبةً في حياة رغيدة، والله يذكّرك أن المال الحرام له ثمن مؤلم وباهظ وتبعات على حياتك وعائلتك لأنه مال ملعون. حين يحصل المسلم على المال من مصادر مشبوهة يشعر بالذنب، لذا نجده يتبرع للمسجد بجزء منه، فصاحب محل الخمور المحرمة ويبيع

تذاكر اليانصيب، يعلق آية الكرسي وراء مكتبه حتى لا يشعر بتأنيب الضمير. في رأيي أنه يشعر بالذنب فيأتي إلى المسجد في رمضان ويتبرع بآلاف الدولارات، هذا مال ملوّث، فإذا اختلط ببناء جدران المسجد أو تنظيف سجاده فلا نستغرب أن تنشب مشاجرات ومشاحنات داخل المسجد بسببه، لأن المال الحلال يؤدي إلى البركة والمال الحرام يأتي باللعنة، فلا بركة فيه. لا يمكنك تناول طعاماً ضاراً أو مسموماً وتتوقع أن تتحسن صحتك بسببه، وكذلك الإيمان، لا يمكنك أن تحصل على المال الحرام وتتصدق به وتتوقع أن يأتي بنتائج طيبة، هذه نواميس وقوانين إلهية ثابتة يجب أن لا نغفل عنها.

إِن تَجْتَنِبُواْ كَبَآئِرَ مَا تُنْهَوْنَ عَنْهُ نُكَفِّرْ عَنكُمْ سَيِّـَٔاتِكُمْ وَنُدْخِلْكُم مُّدْخَلًا كَرِيمًا ﴿٣١﴾

(النساء ٤ : ٣١)

نصل الآن إلى الآية الأخيرة، ويا ليت أمّتي تتدبرها وتعيها جيداً لنعود خير الأمم:

الله عزّ وجلّ ذكر نوعين من الكبائر وهما: أكل أموال الناس بالباطل والقتل، بمعنى أن علاقة المسلمين ببعضهم البعض لها قيمتها الكبيرة عند خالقهم سبحانه، فإذا اجتنب المؤمنون الكبائر سيكفر الله عنهم سيئاتهم ويدخلهم مدخلاً كريماً.

من البديهي أننا بشر قد نتأخر عن الصلاة أحياناً أو نغضب أو نتفوه بكلمات نابية وقد نتشاجر ونتخاصم ونغتاب ونكذب ونخطئ، لأننا غير

معصومين، والله سبحانه وعدنا أنه سيغفرها لنا إذا اجتنبنا الكبائر، فإذا فاتتك الصلاة ذات يوم، فلا تندب حظك لأنك أصبحت من أهل النار فالله سيغفر السيئة التي ترتكبها عن جهالة وتتوب منها، الذي حدث لأمة الإسلام أن هذه المعادلة انقلبت رأساً على عقب، فأصبحنا نتغافل عن الكبائر ولا نبالي من أين نحصل على المال ولا كيفية التعامل مع بعضنا البعض، أما في الصغائر فنسأل عشرات المرات عن المطعم الحلال مثلاً ومن أين يشترون اللحوم التي يقدمونها للزبائن؟

لا أقلل من شأن الحلال والحرام، معاذ الله، لكن هناك حكم شرعي مفاده أننا يجب أن نهتم بمصادر الرزق ومن أين نحصل على المال أولاً، والتشريع الثاني هو عدم إيذاء الناس بأي شكل .قد تعود أصولك لبلد يعتبر لبس غطاء الرأس أمراً ضرورياً، فتدخل المسجد فتجد أنّ أحداً ما لا يضعه فتغضب وتحكم على صلاته أنها غير مقبولة، أنت لم تدرك أن الكوفية مهمة بنظرك ولكنها ليست أولوية عند الله عزّ وجلّ الذي علّمنا الأولويات ويجب أن نلتزم بها لتصبح حياتنا أفضل وعلاقاتنا أسهل ويتحقق ذلك بالابتعاد عن الكبائر.

أود التعليق على كلمة "اجتناب"، فقد وردت كلمة "تجتنبوا" في الآية، وهي مشتقة من كلمة"جنب" بمعنى "قُرْبْ"، وقد ذكر الله في القرآن الكريم عن أصناف الناس الذين أوصانا أن نعاملهم بالحسنى ومنهم "الصاحب بالجنب"، وهو رفيق السفر الذي يجلس بجانبك في القطار أو الطائرة أو الحافلة أو المطار، لا تتظاهر أنك لا تراه، كن لطيفاً معه، وكلمة "اجتناب" أي :"الابتعاد عن الشيء"، إياك أن تظنّ أن الكبائر بعيدة المنال وأنك تقيّ لدرجة تحميك من الاقتراب منها، في الحقيقة الكبائر بجانبك

وعليك أن تتجنبها وتبتعد عنها. فالاجتناب يفيد أن هناك شيء قريب منك وأمام ناظريك وعليك الفرار منه، فإمكانية ارتكاب الكبائر واردة دوماً، وتشكل خطراً مباشراً حيّاً ومتفشياً يجب الحذر منه، ليس منا معصوماً عن الوقوع فيها رغم حساسيتنا الشديدة منها.

الآن لنضع كل ما ذكرناه في نصابه، كيف نحصل على المال وكيف ننفقه وكيف نتعامل مع بعضنا البعض في التجارة والعمل، هذه من الأولويات في ديننا، جنباً إلى جنب التعامل باحترام ولطف، ولكن هذا لا يعني استثناء بقية الشرائع والأحكام، ولا يقلل من شأن اللحم الحلال أو صلاة السنن وغيرها من الأمور، ولكن علينا أن ندرك أن الحلال والحرام أولوية أساسية في حياتنا الشخصية، وليست لإصدار أحكام على الآخرين فهي خاصة بكل واحد منا. ليس من حقي أن أنتقد ملابس فلان أو صلاته أو لحيته أو حجاب فلانة، تذكر: أحكام الدين لك وحدك وليست لتصنيف الناس وأين يقف كل واحد منهم، إذا لم تستطع أن تقول كلاماً طيباً فالصمت أفضل لك لأنك لا تعلم ظروف العباد وأحوالهم فلا تصدر الأحكام جزافاً.

هناك صنف من الناس يستسيغون إصدار الأحكام على الآخرين وهؤلاء لهم سيكولوجيا معينة، فهم يتناسون أنهم يرتكبون الكبائر ويغمضون أعينهم عنها مما يجعلهم أكثر تركيزاً في مراقبة الناس. إنهم يظنّون أنهم بلغوا أعلى مراتب الصلاح لذا لا حاجة لمراجعة أنفسهم ومحاسبتها. هذا هو لبّ المشكلة : "إِن تَجْتَنِبُوا كَبَائِرَ مَا تُنْهَوْنَ عَنْهُ نُكَفِّرْ عَنكُمْ سَيِّئَاتِكُمْ"، سيغفر الله لنا الصغائر ما اجتنبنا الكبائر، ولكن هذه ليست رخصة للمعصية، فالكبائر لا تُغفر، ولكن ارتكاب السيئات بجهالة وبدون قصد يغفرها الله إذا استغفر العبد وتاب بصدق.

هذه نعمة القرآن الذي يضع كل شيء في نصابه ويعلّمنا فقه الأولويات، ويوجهنا نحو الأمور الهامة وترك السفاسف، مثلاً، أنت تقصر في صلاة السنن وتجدها شاقة ولا تكاد تصلّي الفريضة، ابدأ بصلاة سنّة الفجر لمدة أسبوع واحد أو اثنين، وبعدها انتقل إلى سنّة أخرى، وهكذا، لست مجبراً على صلاة جميع السنن دفعةً واحدة، بل بالتدريج، ولكن في موضوع الكبائر، لا يستقيم الأمر بترك مال الحرام على دفعات، وهذا ينساق على إيذاء الناس أيضاً، اتخذ قرارك بالتوقف فوراً لأن الله لن يغفر الكبائر ما لم تستغفر وتتوب.

أدعو الله أن يجنبنا الكبائر، وأن يرزقنا المال الحلال وأن يعيننا على إنفاقه بما يرضيه سبحانه بعدل ونزاهة. أدعو الله لإخواني الذين يعملون في التجارة أن يرزقهم القوة والرضا في المعاملات التجارية المباحة، وأدعوه سبحانه أن تكون الصدقات المخصصة للمساجد من مال حلال طيب لا شبهة فيه، حتى تعمّ البركة وتكثر الأنشطة الدينية لبناء المجتمع المسلم على أسس متينة إن شاء الله.

الفصل السابع

الأمـور الـمـاليـة

أستهل هذه الموعظة عن موضوع المال وإنفاقه وإدمان التسوق بالآية رقم ٢٥ من سورة الإسراء، قال تعالى:

رَّبُّكُمْ أَعْلَمُ بِمَا فِى نُفُوسِكُمْۚ إِن تَكُونُوا۟ صَـٰلِحِينَ فَإِنَّهُۥ كَانَ لِلْأَوَّٰبِينَ غَفُورًا ﴿٢٥﴾

(الإسراء ١٧ : ٢٥)

الله سبحانه يخبرنا أنه أعلم بنا من أنفسنا قبل أن يذكر لنا الأحكام، وهذه إشارة إلى أنه سبحانه يعلّمنا أن نحاسب أنفسنا دائماً، أي أنني كإنسان لا أستطيع أن أحاسبك يا أخي ولا العكس، لأنّ كل إنسان على نفسه بصيرة

لا يمكن للإنسان الذي لا يحاسب نفسه العمل بالأحكام التي سيذكرها الله بعد هذه المقدمة، "الله أعلم بكم إن تكونوا صالحين فإنه كان للأوابين غفوراً".ولدينا كلمة "توّاب" ومثلها "أوّاب" بمعنى الإنسان الذي يعترف ويندم على ذنوبه ويتوب توبةً نصوحة، فالله سبحانه يغفر له، وفي كلمة "أوّاب" درسٌ بليغ مفاده أننا لن نتوقف عن ارتكاب المعاصي وسيظلّ عملنا منقوصاً دوماً، وعلينا أن ندرك ذلك ونداوم على الاستغفار،

علينا الاعتراف بمعاصينا قبل أن يخبرنا الآخرون عنها، لنسارع إلى التوبة والاستغفار. فالكمال لله وحده والبشر خطّاؤون.

لن نتوقف عن ارتكاب المعاصي والذنوب ما حيينا ، لذا يجب علينا الاعتراف بها والاستغفار. وكلمة "مغفرة" تعني: ستر الشيء أو تغطيته، فإذا كان هناك شقوق في الأرض تُغطى بالإسمنت، وهذا مبدأ المغفرة، فهي اعتراف منا بقصورنا وكمال الله .أما أولئك الذين لا يحاسبون أنفسهم ولا يعترفون بذنوبهم ولا يحاولون الارتقاء بعباداتهم، فإنهم يتناسون حقيقة كمال الله سبحانه. وتتوالى الآيات:

وَءَاتِ ذَا ٱلْقُرْبَىٰ حَقَّهُۥ وَٱلْمِسْكِينَ وَٱبْنَ ٱلسَّبِيلِ وَلَا تُبَذِّرْ تَبْذِيرًا ﴿٢٦﴾

(الإسراء ١٧ : ٢٦)

الله سبحانه يرشدنا إلى كيفية إنفاق أموالنا، فيأمرنا بإعطاء "ذا القربى" (من تربطهم بنا أية قرابة) حقوقهم، ويوجهنا إلى الاهتمام بهم بشكل فردي وليس كمجموعة في وقت واحد. لم يقل "أولي القربى" (من تربطهم علاقة الرحم). قد تقع مشاحنات في بعض العائلات، فلان لا يحب عمّه أو لا يتفق مع ابن خاله أو هناك مشاكل مع إخوته، فإذا احتاج أحدهم للمساعدة فسيقدمها فقط لمن يتفق معه ويترك خصومه، فيرفض دفع الزكاة لعمّه مثلاً ويعطي خالته، والله سبحانه يقول :"وَأُولُو الْأَرْحَامِ بَعْضُهُمْ أَوْلَىٰ بِبَعْضٍ فِي كِتَابِ اللهِ"

بصرف النظر عن أية مشاعر إيجابية أو سلبية، يجب عليك أن تهتم بأقاربك من أولي الأرحام وأن تمدّ لهم يد العون متى احتاجوا إليها لأنّ

هذا حقّهم الذي شرعه الله. بمعنى أن ما أملكه من المال يجب أن أنفقه على أفراد عائلتي المحتاجين لأنّ هذا مالهم وحقّهم، حسب ما ذكر في القرآن الكريم. هذا ينطبق عليك حين تستأجر أحدهم لينجز لك عملاً ما، وتتفقان على الأجر، فالمال معك ولم تدفعه بعد ولكنّه مُلك الأجير وحقّه ويجب عليك أن تدفعه له، لا يمكنك أن تنفقه على نفسك أبداً.

هذه المعاني يجب أن تتغلغل في نفوس المسلمين: القريب المحتاج من أولي الرحم له حقّ في مال قريبه المقتدر الذي هو في الحقيقة مدين لذلك المحتاج وعليه أن يسارع إلى تسديده خصوصاً إذا كان ذا سلطة عليا. حين تتراكم عليك فواتير الكهرباء وتهددك الشركة بقطع الخدمة عن بيتك فلن تتأخر في الدفع. أي دين في رقبتنا له تبعات لا نتلكأ أبداً في الوفاء به. الله عزّ وجلّ هو صاحب السلطة الذي يساند أولي القربى المحتاجين إلى الزكاة أو الصدقة ولا معين لهم، ألله سبحانه أقرّ لهم هذا الحق بقوة الشرع.

المستحق الثاني للنفقة هو "المسكين"، وكلمة مسكين مركبة من كلمتين: "مَسَكَ وسَكَنَ"، وتعني الإنسان الذي سكنت حركته، وليس الفقير المعوز، فهو الذي لا يستطيع خدمة نفسه :مادياً أو سياسياً أو في أي محنة يمر بها، مثلاً، أحدهم يعمل سائق أجرة ليعيل أسرته، أصيب بضعف البصر أو احتاج إجراء عملية جراحية لأنه أصبح بحكم القانون أعمى ولا يمكنه القيادة وهي المهنة الوحيدة التي يجيدها، فهو الآن مسكين لا هو متسول ولا فقير، والحال ينطبق على أناس بلغوا سن التقاعد ولكن مستحقاتهم التقاعدية لا تكفيهم، وسنّهم لا يسمح بالعمل في وظيفة أخرى ولديهم مشاكل صحّية وغيرها، وهناك أمهات عازبات لديهن أطفال لا يملكن إعالتهم، ولا يستطعن الخروج للعمل، فليس لديهن عائلة لمساعدتهن ولا أي مصدر آخر .هؤلاء جميعاً مساكين، لا حيلة لهم للخروج من مآسيهم،

والله سبحانه يأمرنا أن نرعاهم، على أن نعطي الأولوية لذوي القربى، ثمّ الأولى فالأولى من أفراد المجتمع. ولكن هناك مشكلة: كيف لنا أن نعرف المساكين في مدينتنا أو الحي الذي نقطن به ونحن لا نحاول أن نتعرف على بعضنا البعض؟ إلقاء السلام بعد صلاة الجمعة بحرارة، وبناء صداقات وتعارف بين العائلات، سيجعل لنا مجتمعنا الخاص، وحين يحتاج أحدنا لأي معونة لن يلجأ للتسول، بل سنتلمس حاله دون أن يتكلم. سنعلم إذا فقد أحدهم عمله، أو أُصيب بمرض مزمن، أو احتاج إلى نفقات علاجية باهظة، ونساعده سرّاً. هذا هو المجتمع الذي نطمح الوصول إليه.

لن نستطيع تطبيق هذه الآية دون أن نعمل بنصيحة الرسول ﷺ :"ولا تؤمنوا حتى تحابوا أوَلا أدلكم على شيء إذا فعلتموه تحاببتم؟ أفشوا السلام بينكم"، والمقصود بالسلام ليس إلقاء التحية فحسب ويذهب كل واحد منا في سبيله، بل هو أن نتعرف على بعضنا البعض ونتبادل الأخبار وعندها سنعرف من المسكين من بيننا.

أما صاحب الحق الثالث فهو "ابن السبيل"، وهو الذي يقضي وقته في الترحال ولا يملك ما يمكنه من العيش في مكان مدة طويلة مثل البدو الرحّل الذين لا يعرفون الاستقرار، وكذلك "المسافر"، فابن السبيل هو الذي لا يملك مسكناً، فيتنقل بين الفنادق والاستراحات وبيوت الأصدقاء وهنا وهناك، ويعاني من شظف العيش، لذا يستحق المساعدة. إذا كان لك قريب يسكن في بلد آخر، واتصل بك يخبرك أنه يمر بضائقة ويستأذنك أن تستضيف أطفاله في بيتك لبضعة أسابيع، وتجد أن هذا لا يتناسب وظروفك، لأن لديك أسرة ومشاغل. رغم ذلك عليك أن تفهم أن هذا من حقّهم عليك، صحيح أن هذا البيت ملكك، ولكن حين

يكون قريبك بحاجته يصبح له حصة فيه وحقّ عليك أن تعطيه إياه، هذا شرع الله. لا يمكنك التملص بحجج واهية والاعتذار أو إعطاء بدائل مثل أسماء فنادق قريبة مثلاً. علينا أن نعوّد أنفسنا على فضيلة العطاء. الله سبحانه وتعالى ختم آية الإنفاق بالقول: "وَلَا تُبَذِّرْ تَبْذِيرًا".

حين يزرع الفلاح البذور، ينتظر مدة من الزمن حتى يكبر الزرع وينضج، فأول ما يخرج من النبتة يسمّى"البَذْر"، والتي لا فائدة منها لو فكرت في قطعها، وهذا حال بعض الناس الذين إذا حصلوا على المال أنفقوه كلّه، ما إن يستلم أحدهم راتبه حتى يصرفه في الكماليات مثل حذاء رياضي أو شاشة عملاقة أو مطعم فاخر، ولا يبقي منه شيئاً. لقد علّق بعض أهل اللغة على فكرة التبذير أنها مثل تفريق المال بلا محاسبة، يعني إسرافه وإنفاقه في غير محلّه. لم ينه الله سبحانه عن تبذير المال فحسب، بل عن وضعه في غير حقّه أيضاً. وهنا حكمة بليغة، جميعنا نبذر بعض المال، لا يمكن إنكارهذه الحقيقة، ولكن يجدر بنا أن نبتعد عن التنطّع . مثلاً: ترغب زوجتك بشراء ملابس للعيد فتقول لها "ولا تبذّر تبذيرا" وترفض طلبها، أو تريد أن تشتري بعض الدمى لأطفالك، فتظنّ أنّ هذا من التبذير فتعدل عن الفكرة، وقد ترغب بشراء مركبة جديدة فتغير رأيك وتشتري واحدة قديمة خوفاً من الوقوع في التبذير، وتكتفي بأي عربة لها عجلات لتتنقل بها من مكان إلى آخر!

في الواقع كل الأمثلة التي ذكرتها ليست من التبذير المنهي عنه (أي الإنفاق الدائم في غير حاجة)، والذي إذا تعودت عليه دون أي شعور بالمسؤولية فماذا ستقدم لعائلتك أو للمساكين أو المشردين أو أبناء السبيل؟ لا شيء بسبب الهوس بشراء الكماليات.

لا ضير من تجديد ديكور البيت، أو شراء سجادة جديدة، ولكن إذا فعلت ذلك بشكل متكرر، يصبح من التبذير، لذا لم يقل سبحانه في الآية التالية: "الذين يبذّرون" بل "إن المبذرين"، لأنّ الاسم هنا يفيد التكرار بلا توقف، فأصبح التبذير عادة مستحكمة في نفوسهم، فوصفهم الله بواحد من أبشع الأوصاف في القرآن:

إِنَّ ٱلْمُبَذِّرِينَ كَانُوٓاْ إِخْوَٰنَ ٱلشَّيَٰطِينِ ۖ وَكَانَ ٱلشَّيْطَٰنُ لِرَبِّهِۦ كَفُورًا ﴿٢٧﴾

(الإسراء ١٧ : ٢٧)

لماذا اعتبرهم الله إخوان الشياطين؟

أولاً وهو الأهم: العجلة من الشيطان، ففكرة التهّور والاستعجال في إنفاق المال دون تفكير هي من وسوسة الشيطان.

ثانياً: حين تنفق أموالاً طائلة على أشياء تافهة عديمة الفائدة فإنك تساهم في نجاح شركات الكماليات والتفاهات، مثل صناعات الترفيه والتسلية، من المستفيد؟ طبعاً أصحاب برامج الترفيه لأنك تدفع لهم فأنت زبونهم، وعندما تزدهر هذه الشركات فإن ذلك نجاح لعمل الشيطان فنصبح من إخوانه.

الله سبحانه أخبرنا "إِنَّ الْمُبَذِّرِينَ كَانُوا إِخْوَانَ الشَّيَاطِينِ "وأتبعها بـ"وَكَانَ الشَّيْطَانُ لِرَبِّهِ كَفُورًا"، وهنا الشقّ المرعب، فالشيطان له صفات شريرة عديدة ولكن الله اختار صفة "كفور"، فترى مدمني التسوق لا يتوقفون عن شراء الأحذية والتقنيات الحديثة وغيرها، تراهم يتبضعون

طوال الوقت ومع ذلك لا يشعرون بالسعادة ولا الامتنان للنعم الذين بين أيديهم، عيونهم دوماً على ما يفتقدونه، ويبحثون عنه، بمعنى آخر، فإن فكرة الاستهلاك المزمن سببها الكفران بالنعمة وهي عكس الشكر والامتنان، فالشيطان كفور وكذلك المبذرون، فهم لن ينعموا بشعور الاكتفاء والرضا، لأنهم يقدرون الأشياء بعيدة المنال، فلو كان عند أحدهم سيارة جميلة ومريحة، ستجده يفكر في أخرى ولا يرى الميزات المتوفرة في مركبته، ولو كان عنده بيت جميل، تجده يرغب في تغيير البيت والحيّ أيضاً.

في الحقيقة، لقد جعلنا من أبنائنا وحوشاً، نشتري لهم ألعاب فيديو لا حصر لها، ورغم ذلك نجد عيونهم على لعبة أخرى، ويشغلون تفكيرهم بها طول الوقت، وكذلك الحال مع الآيفون، دائما يلهثون وراء الموديل الأحدث.

فكرة عدم الاكتفاء بما عندك والرغبة باقتناء المزيد دوامة لا تتوقف. لا ننكر أن من فطرتنا الميل نحو التحسين والتغيير، نرغب دوماً بسيارة أخرى مثلاً، وحين نمر من أحد الأحياء الجميلة، نرغب بالسكن فيه، ستذهب دوماً إلى متجر الملابس وتطيل النظر إلى القطع الثمينة التي لا تستطيع شراءها، ولكن الفرق بين هذا والمبذّر أنّ الأخير لا يكبح جماح شهوة الشراء، فكلّما اشتهى شيئاً اشتراه دون تفكير بأي تبعات. يمكنك أن تدرّب نفسك على التريّث والتفكير مرتين قبل الشراء، وعلى الرضا بما عندك، يمكنك شراء ما تحب ولكن ضمن المعقول حتى لا تصبح في خانة إخوان الشياطين.

الآية التالية تتعلق بالمال، الله يصف حال إنسان مقتدر، ويأتي قريب له أو فقير أو جار أو مسكين، طالباً المساعدة، ولكنه لا يمتلك المال الآن فلربما

استثمره في مشروع ما، وما معه لا يكاد يكفيه لذا لا يستطيع أن يعطي السائل:

وَإِمَّا تُعْرِضَنَّ عَنْهُمُ ٱبْتِغَآءَ رَحْمَةٍ مِّن رَّبِّكَ تَرْجُوهَا فَقُل لَّهُمْ قَوْلًا مَّيْسُورًا ﴿٢٨﴾

(الإسراء ١٧ : ٢٨)

لا ترفض مساعدتهم بغلظة وقسوة. مثلاً، أنت تنتظر إشارة المرور الخضراء فيقترب أحد المشردين من شباك سيارتك، فتقول له إنك لا تملك شيئا تعطيه وتطلب منه أن يذهب إلى سيارة أخرى، الله سبحانه يأمرنا أن نتذكر دوماً أننا فقراء إلى رحمته، لذا علينا أن نتعامل مع فقراء المال برقة ولين، بابتسامة أو حضن دافئ، أخبرهم أنك تشعر بحالهم وتعدهم أنك ستحاول أن تساعدهم ولكنك تمر بوقت صعب حالياً،هذا معنى "قولاً ميسوراً". حين يأتي المحتاج طالباً للمساعدة، فإنّ رحمة الله ترافقه، وحين لا تجد ما تعطيه، توسّل إلى الله أن يرحمك وهذا هو الرزق الحقيقي الذي نحصل عليه مقابل العطاء وليس الشراء أوالأخذ، ننفق إرضاءً لله فينعم علينا برحمته.

أدعو الله عزّ وجلّ أن يجعلنا من المنفقين في سبيله، خصوصاً للمقربين منا، الذين يمرون بظروف صعبة من ديون وقروض أمثال طلبة الجامعات، وأن يهبنا القدرة على مساعدة أي محتاج وألا يجعلنا من المبذرين، وأن يبارك لنا في أرزاقنا ويجعل الخير فيها، وأن يرزقنا المال الحلال وأن نصبح من أهل الصدقة، ويجعلها سبباً في رحمة الله وغفرانه .

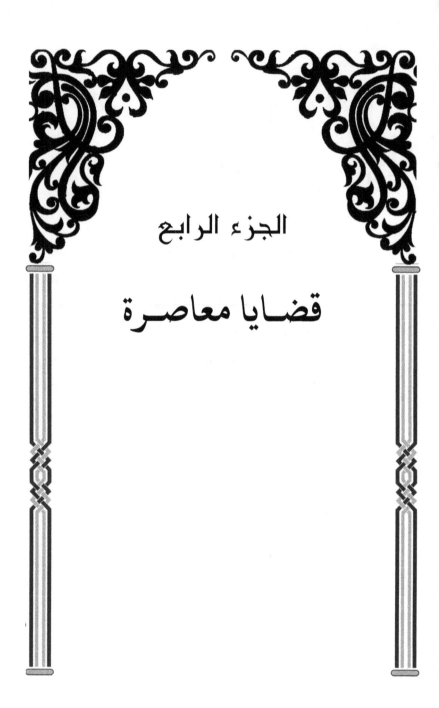

الجزء الرابع

قضايا معاصرة

الفصل الثامن

إنهــا أنثى!

الحديث هنا عن سلوك بغيض يحدث في كل زمان ومكان. الله سبحانه ذكره في كتابه ولم يكن خاصاً بالعرب القدماء سكان الصحراء فحسب، بل بمجتمعات لا حصر لها حتى وقتنا الحاضر، هذا العمل المشين الذكر ورد في الآية ١٦ من سورة النحل ما زال يُمارس في المجتمعات المسلمة، ومع أن الله أخبرنا أنه من أفعال المشركين، ولكن الشيطان نجح في الإبقاء على هذا الفيروس عبر الأجيال في كثير من البلاد والعائلات والثقافات المسلمة.

أبدأ بمقدمة عن الموضوع بقوله تعالى:

وَيَجْعَلُونَ لِلَّهِ مَا يَكْرَهُونَ ... ﴿٦٢﴾

(النحل ١٦ : ٦٢)

كانت قريش تعبد الأصنام رغم إيمانهم بوجود الله سبحانه، وقد ورد في سورة لقمان:

وَلَئِن سَأَلْتَهُم مَّنْ خَلَقَ ٱلسَّمَـٰوَٰتِ وَٱلْأَرْضَ لَيَقُولُنَّ ٱللَّهُ ... ﴿٢٥﴾

(لقمان ٣١ : ٢٥)

مع ذلك كانوا يشركون بالله، فإذا تناولوا الطعام، يأخذون أفضل اللحوم ويتركون الباقي تقرباً للأصنام أو لله، فكانوا يجعلون لله ما يكرهون. وفي السياق ذاته كان العرب يكرهون البنات ويعتبرون ميلاد البنت إهانة ولكنهم لم يجدوا أي مشكلة في نسبة البنات لله عزّ وجلّ:

أَفَأَصْفَىٰكُمْ رَبُّكُم بِٱلْبَنِينَ وَٱتَّخَذَ مِنَ ٱلْمَلَـٰٓئِكَةِ إِنَـٰثًا ... ﴿٤٠﴾

(الإسراء ١٧ : ٤٠)

انطلق هذا التفكير من الاعتقاد أن الله يحب القرابين فيقدمون له أي شيء ويعتبرون أن عليهم أن يعيشوا حياتهم ويعملوا لأنفسهم وليس لله، وهذا بمقاييس عصرنا يشبه العزوف عن دفع الضرائب والتهرب منها والتحايل بدفع أقلّ ما يمكن منها. أو أن تعطي بعض الزكاة أو الصدقة أو حتى من وقتك لله وتعيش بقية حياتك لنفسك. هذه كانت العقلية المريضة لهؤلاء القوم والتي ذكرها الله سبحانه في كتابه:

وَيَجْعَلُونَ لِلَّهِ مَا يَكْرَهُونَ وَتَصِفُ أَلْسِنَتُهُمُ ٱلْكَذِبَ أَنَّ لَهُمُ
ٱلْحُسْنَىٰ لَا جَرَمَ أَنَّ لَهُمُ ٱلنَّارَ وَأَنَّهُم مُّفْرَطُونَ ﴿٦٢﴾

(النحل ١٦ : ٦٢)

يعطون الله فضول أوقاتهم، وأخبث صدقاتهم "وتصف ألسنتهم الكذب"، ولم يقل: "يقولون الكذب"، ومهارة وصف الأشياء لا يتقنها كل البشر، فالله يصفهم بالفصاحة باستخدام كلمة "ألسنتهم"، فهؤلاء لهم أسلوب منمق ودقيق في وصف الكذب وتزيينه لأنفسهم ولمن حولهم، بالادعاء "أن لهم الحسنى"، أي في الآخرة سيكون لهم أحسن نصيب وأعظمه مهما

كانت عباداتهم قليلة، الله يردّ عليهم بقوله: لا شكّ أنّ النار مصيرهم خالدين فيها، فهم لن يدخلوها فحسب، فكلمة "إفراط" تعني تجاوز الحدّ، أي أنهم سيُدفعون في النّار ويُحشرون في قعرها. هذه الآيات شديدة الوقع بشكل يفوق الآيات التي أقسم الله بها بنفسه سبحانه وهو قسمٌ عظيم، وحين يُقسم المسلم بالله عادةً يقول: "واللهِ"، ولكن إذا لم يكن هذا القسم كافياً فإنه يقول: "تاللهِ"، فنجد في الآية التالية من سورة النحل، الله سبحانه يقسم بذاته:

تَٱللَّهِ لَقَدْ أَرْسَلْنَآ إِلَىٰٓ أُمَمٍ مِّن قَبْلِكَ فَزَيَّنَ لَهُمُ ٱلشَّيْطَٰنُ أَعْمَٰلَهُمْ فَهُوَ وَلِيُّهُمُ ٱلْيَوْمَ وَلَهُمْ عَذَابٌ أَلِيمٌ ﴿٦٣﴾
(النحل ١٦ : ٦٣)

لقد زين الشيطان لتلك الأمم أعمالهم السيئة وأقنعهم أنها عظيمة وأنهم على الحق، فأصبح وليّهم يوم القيامة وصديقهم، فكان يملي عليهم ما يفعلونه ويقلب الباطل حقاً. هذه الآيات شديدة وشاقّة على أصحاب العقيدة الفاسدة.

نعود إلى الآية التي تتحدث عن الكفار الذين ينسبون البنات إلى الله والأولاد لأنفسهم:

وَيَجْعَلُونَ لِلَّهِ ٱلْبَنَٰتِ سُبْحَٰنَهُۥ ۙ وَلَهُم مَّا يَشْتَهُونَ ﴿٥٧﴾
(النحل ١٦ : ٥٧)

ثم يقول سبحانه:

﴿وَإِذَا بُشِّرَ أَحَدُهُم بِٱلْأُنثَىٰ ظَلَّ وَجْهُهُۥ مُسْوَدًّا وَهُوَ كَظِيمٌ ۝٥٨﴾
(النحل ١٦ : ٥٨)

الله سبحانه ذكر (الأنثى) معرّفة تكريماً لها، ولم يجعلها نكرة (أنثى)، في حين أن والدها المشرك اسودّ وجهه، لم يتكلمّ بعد ولكنه شديد الحزن. لا شك أنك حين تكره ابنتك فإنك لا تحترم والدتك التي أنجبتك. هنا الكلام عن المشركين وليس المؤمنين بالله ورسوله ﷺ. هل تدري كم من الأحاديث الشريفة حول البنات مما يدلّ على عظم شأنهنّ وأهميتهنّ مثل: "لا يكونُ لأحدِكم ثلاثُ بناتٍ أو ثلاثُ أخواتٍ فيُحسِنُ إليهنَّ إلَّا دخل الجنَّةَ" (سنن الترمذي، حديث ١٩١٢)، وفي حديث آخر قال ﷺ: "من كانت له أنثى فلم يئدها، ولم يهنها، ولم يؤثر ولده عليها، - قال: يعني الذكور - أدخله الله الجنة" (سنن أبي داوود، حديث ٥١٤٦). لا أتحدث عمن يقارن ابنته بولده بل من يرفض فكرة إنجاب البنت ويتمنى الولد لأنها تشكل عبئاً على العائلة، بدعوى أنها تحتاج إلى تعليم ولا يوجد عائد من ورائها لأنها لن تعمل ولن تساعد عائلتها، بل ستتزوج رجلاً من عائلة أخرى وسيتحمل والدها تكاليف الزفاف وغيره.هذه العقلية ما زالت موجودة رغم أنها تحرم صاحبها من دخول الجنة.

ذكرت أحاديثُ كثيرة أن البنت بابٌ إلى الجنة وسترٌ من النار، وهذه الفضائل ليست للذكور بل للإناث فقط تكريماً من الله سبحانه لهنّ. الحمد لله الذي أكرمني بأربعة بنات- واحدة زيادة عن الحديث الشريف- رزقني الله بنتين على التوالي، وحين جاءت الثالثة شعرت بسعادة غامرة،

واشتريت بعض الكعك وذهبت إلى المسجد في صلاة العشاء، لتوزيع الحلوى على المصلّين، فسألني أحدهم: لا بد أن لديك خبرٌ سعيد لتوزيع الكعك. فأجبته : "نعم، رُزقت بنتاً"، فقال: "إن شاء الله يرزقك الولد في المرة القادمة". شعرت برغبة كبيرة لصفعه، لأنّ هذا كلام المشركين الذين لا يؤمنون بالله، فكيف لمؤمن أن يفكر بهذه الطريقة؟!

في الواقع أن قدوم ابنتي الثالثة كان مدعاة للاحتفاء لحديث رسول الله ﷺ، فأي مباركة أعظم منه! ولكن ما زال الكثيرون حول العالم يكرهون البنات، فتغضب والدة الزوج إذا ولدت الكنّة بنتاً وليس ولداً وقد تشتمها، وهذا جهلٌ يفوق الخيال، أنثى تكره الأنثى! هذا غير معقول، وبعض الحموات يهددن الكنّة أنّها ستزوج ابنها أخرى لأنها لم تنجب له ولداً، كيف يمكن لأهل القرآن أن يفكروا بهذه الطريقة؟ ويؤسفني القول أن هذا لا يحدث في العائلات غير الملتزمة فقط، بل هناك ملتزمون ويطلقون لحاهم ومحجبات يحفظن القرآن، والدين بريءٌ منهم، ماذا حدث لهذه الآيات؟ أين ذهبت؟ للأسف، هذا حالهم:

وَإِذَا بُشِّرَ أَحَدُهُم بِٱلۡأُنثَىٰ ظَلَّ وَجۡهُهُۥ مُسۡوَدّٗا وَهُوَ كَظِيمٞ ٥٨
(النحل ١٦ : ٥٨)

ثم:

يَتَوَٰرَىٰ مِنَ ٱلۡقَوۡمِ مِن سُوٓءِ مَا بُشِّرَ بِهِۦٓۚ أَيُمۡسِكُهُۥ عَلَىٰ هُونٍ أَمۡ يَدُسُّهُۥ فِي ٱلتُّرَابِۗ أَلَا سَآءَ مَا يَحۡكُمُونَ ٥٩
(النحل ١٦ : ٥٩)

والد البنت يختبئ من الناس ولا يريد أن يتكلم مع أحد لأنه يشعر بالإحراج، قد يتظاهر بالابتسام إذا هنأه أحدهم، ولكنه يتميزغيظاً في داخله. لقد كشف الله سبحانه هذه النفسية المقيتة والمشاعر المثيرة للاشمئزاز، ورسم لها صورة حيّة: "أَيُمْسِكُهُ عَلَىٰ هُونٍ".

كان المشرك في الجاهلية بين نارين: إما أن يتمسك بالمولودة الأنثى رغم شعوره بالإهانة، وإما أن يئدها، فكان الخيار هو الإبقاء عليها وصب جام غضبه على زوجته ومقاطعتها وهجرها فتبقى معلّقة، لا هي متزوجة ولا مطلّقة.

في عصرنا الحاضر لا نصل لهذا المستوى ولله الحمد، ولكنّ الله سبحانه لم يسلط الضوء على وأد البنات أو التخلّي عنهن فحسب، بل على تفاصيل تعابير الوجه والشعورالداخلي والرغبة في الابتعاد عن الأنظار وغيرها، وهذه كلها تقع في خانة احتقار نعمة الله وعدم شكره سبحانه.

وبعدها يقول سبحانه:

لِلَّذِينَ لَا يُؤْمِنُونَ بِٱلْآخِرَةِ مَثَلُ ٱلسَّوْءِ ۖ وَلِلَّهِ ٱلْمَثَلُ ٱلْأَعْلَىٰ ۚ وَهُوَ ٱلْعَزِيزُ ٱلْحَكِيمُ ﴿٦٠﴾

(النحل ١٦ : ٦٠)

ويصف أولئك المشركين وحالهم إذا رُزقوا بالبنت، بأنهم يشكلون أسوأ نموذج وأبشعه وهم الذين لا يؤمنون بالآخرة ، وهذا مرض يصيب الأمة حين تبتعد عن كتاب الله. وتستمر الآيات:

وَلَوْ يُؤَاخِذُ ٱللَّهُ ٱلنَّاسَ بِظُلْمِهِم مَّا تَرَكَ عَلَيْهَا مِن دَآبَّةٍ وَلَٰكِن
يُؤَخِّرُهُمْ إِلَىٰٓ أَجَلٍ مُّسَمًّى ۖ فَإِذَا جَآءَ أَجَلُهُمْ لَا يَسْتَـْٔخِرُونَ سَاعَةً ۖ
وَلَا يَسْتَقْدِمُونَ ﴿٦١﴾
(النحل ١٦ : ٦١)

ونعود للآيات التي بدأنا بها:

وَيَجْعَلُونَ لِلَّهِ مَا يَكْرَهُونَ وَتَصِفُ أَلْسِنَتُهُمُ ٱلْكَذِبَ أَنَّ لَهُمُ
ٱلْحُسْنَىٰ ۖ لَا جَرَمَ أَنَّ لَهُمُ ٱلنَّارَ وَأَنَّهُم مُّفْرَطُونَ ﴿٦٢﴾
(النحل ١٦ : ٦٢)

هذه الآيات المتتابعة تعبرعن غضب الله من هؤلاء الذين يكرهون البنات ويحزنون لمجيئهن وفي ذات الوقت ينسبونهن إلى الله ويكذبون أن لهم الحسنى.

والآن لننظر إلى الموضوع من زاوية إيجابية، ما واجبنا نحو البنات؟ حين قال رسول الله ﷺ: "فأحسن إليهن"، وفي حديث آخر: "واتقى الله فيهنّ"، والتقوى تتجلّى في الكلام معهنّ بلطف والانشغال بأمرهنّ وتزويجهنّ وفق الشرع، بعيداً عن إجبارهنّ على الزواج بحجّة عدم التسبب بإحراج العائلة كالزواج من ابن العمّ مثلاً، فهذا ليس من التقوى. فقد جاءت امرأة الى رسول الله ﷺ وقالت أن أباها أجبرها على الزواج من شخص لا ترغب به، فماذا تفعل! فأجابها أن هذا النكاح باطل ويجب أن يُفسخ.

كم مسلمة تم إجبارها على الزواج وعندما رفضت تعرضت للتعذيب والتوبيخ والتأنيب بدعوى أنها سببت المشاكل والإحراج للعائلة وأن العريس لا عيب فيه، ويتمنون لو أنّهم رُزقوا بولد لأن ذلك أفضل، على مرأى ومسمع من البنات. الحل في عبارة "فأحسن إليهن" أو "واتّقى الله فيهنّ"، لأنهنّ سيتكلمن يوم القيامة عن حقوقهن التي وهبها الله لهنّ وحُرمن منها، فواجب الوليّ حماية هذه الحقوق. نحن كآباء علينا أن نحمي حقوق بناتنا وأن نسعدهن (لا أن نسعد أنفسنا)، فبدل أن نقول لهن أن يتقين الله بنا، علينا نحن أن نتقي الله بهنّ.

هذه أمانة البنات: معاملتهن برفق ولين والكلام الطيب، لقد رأيت حالات كثيرة حول العالم لفتيات يشتكين من آبائهن، إحداهن كتبت لي أن والدها يقول لها إنها سمينة وقبيحة ولا أحد يرغب بالزواج منها، فتلتزم الصمت احتراماً له، وتسألني ماذا تفعل! فأحتار، ماذا اقول لها! أنا أعرف ماذا اقول لوالدها: اتق الله يا رجل، كيف ستقف بين يدي الله عزّ وجلّ الذي سيحاسبنا جميعاً على كل كلمة تفوهنا بها؟ هل ابنتك ملكٌ لك لأنها تعيش في بيتك وتحت ولايتك؟ إنها أمة الله وأنت عبد لله . عامل بناتك بالحسنى، وأكرمهنّ وعبّر عن محبّتك لهن، إغرس فيهن الثقة بالنفس، وثق بقدراتهن، وفي أي لحظة أوشكت على قمعهن أو إهانتهن تذكر وصية الحبيب ﷺ بالإحسان إليهن وتقوى الله فيهن .

أمافيما يتعلق ببقية الحديث النبوي: (ولم يؤثر ولده عليها)، البعض يظنّ أنه يجب أن يدلّل ابنه قبل أن يكبر، والأصل أن تفعل ذلك مع ابنتك أيضاً: ترغب بمرافقته في رحلة للذكور؟؟ إذن ينبغي أن يكون هناك رحلة للإناث أيضاً. إذا كنت تطمع في الجنّة حقاً، إياك والتمييز

بـين الذكـر والأنثـى، عليـك أن تعـدل بـين أبنائـك في المحبـة، هـذا ديننا الجميـل، فلـماذا نجعـل حياتنا وحيـاة أبنائنـا جحيماً؟

أدعو الله أن يجعلنا من الآباء والإخوة والأولياء الصالحين، وأن لا ننسى واجباتنا نحو بناتنا، وأوجه الكلام إلى البنات اللواتي يقرأن كلامي: لا ترسلي بريدًا الكترونيًّا لوالدك تخبريه أن يقرأ كلامي، لا تستغلّي الدين لمصلحتك الشخصيّة، تريدين أن يقرأه لتتمتعي بحياة أفضل! بدأنا الموعظة بفكرة أن كل إنسان يريد الأشياء لنفسه ويترك القليل لله، ويستغل بعض الناس الدين لمصلحته، ويتجاهل أن الدين لطاعة الله وليس لتحقيق المصالح الشخصية، الله يرعاكِ ويحفظ حقوقك ولكن لا تستخدمي الدين كسلاح، لا تستشهدي بالأحاديث والآيات في حديثك مع الناس.

لا بأس من اقتباس آيات وأحاديث في الخطب والمواعظ العامة، ولكن بين أفراد العائلة لا يجوز أن نفعل ذلك، لأن الآيات ليست لكسب النقاشات، فهذا سوء استخدام لكتاب الله وسنة رسوله ﷺ، وللأسف كثير من الناس يفعلون ذلك. مثلاً، تجد أحد الآباء يقول لابنته أن تفعل كذا وكذا، فإذا رفضت يقول لها: "وبالوالدين إحساناً"، ألم تقرأي القرآن؟ لا علاقة لهذا بالقرآن يا صديقي، بل أنت تفرض عليها ما تريده وتستغل الآيات لتحقيق أهدافك، هذا لا يجوز، ولم يكن القرآن يوماً لهذا.

أدعو الله عزّ وجلّ أن يعصمنا من أي تعسّف لكلامه وسنة رسوله ﷺ، وأن يرقق قلوبنا اتجاه أهلنا وبناتنا بشكل خاص، وأن يعيننا على تربية أطفالنا كما يحب ويرضى لحمل راية الإسلام إلى الأجيال القادمة إن شاء الله.

الفصل التاسع

خواطر من باريس (مجلة شارلي إبيدو)

(ألقيت هذه الموعظة بعد الهجوم على مكاتب الجريدة الساخرة (شارل ابيدو) في باريس بتاريخ ٧/ ١/ ٢٠١٥، مما تسبب في مقتل ١٢ شخص، بسبب نشرها رسوماً ساخرة عن المسلمين ورسولهم ﷺ)

هذه الموعظة مستوحاة من الحادث المأساوي الذي وقع في فرنسا، وسنتدبر بعض آيات القرآن المتعلقة بهذا السياق، ففي مثل هذه المصائب يتجمد تفكير المسلم وتنشل حركته، فما العمل؟ ما إن نتجاوز محنة، حتى تمتلئ نشرات الأخبار بغيرها وهكذا. هناك نوعان من المصائب : حوادث يتعرض لها المسلمون وأخرى يقوم بها مسلمون ضدّ آخرين، وفي كلتا الحالتين، نحن - المسلمين - أفراداً وأمّة، تنتابنا الحيرة ولا ندري كيف نتجاوب معها، وبالرغم من الإحباط الذي يصيبنا جميعاً، آمل أن أقدم ما يشفي الغليل ويضع الأمور في نصابها.

أبدأ بالحقيقة القائلة: المجرم مجرم ولا دين له، حين يرتكب أحدٌ ما جريمة قتل إنسان بريء فلا قيمة لديانته مسلماً كان أم يهودياً أم نصرانياً، فالجميع

سواء أمام القانون وفي شريعتنا، وكَوْن مرتكب الجريمة مسلماً لا يقلل من ذنبه في نظرنا جميعاً، علينا ألا نخلط بين "إِنَّمَا ٱلْمُؤْمِنُونَ إِخْوَةٌ"، وبين الحكم على الأمور بالقسط كما علمنا الله عزّ وجلّ: "وَلَا عَلَىٰٓ أَنفُسِكُمْ"، أي علينا الوقوف مع الحق ولو كان على أنفسنا، حين يقوم المسلم بعمل شائن، ينبغي ألا نضع رؤسنا في الرمل، ومن المؤسف أن كثيراً من الناس لا يفرقون بين العدالة والانتقام.

لتوضيح هذه الفكرة، أضرب لكم مثالاً بسيطاً: حين يرتكب صغيرك خطأً ما وتحاسبه، فيحتجّ بالقول أن أخاه فعل ذلك من قبل. اعلم أخي المسلم، لو أنّ جميع الناس أخطأوا فهذا لا يبرر جريمتك، ولا يمكنك المراوغة بالقول أن غيرك فعلوا ذلك. ما فعله غيرك له حسابه، لا علاقة لك بهم، لا تخلط بين فعلتك وأفعال غيرك ففي الحديث الشريف "وعليكم ما حُمِّلْتُم" أي من الصبر على البليّة، الله سبحانه لا يسمح بأن نُؤخذ بجريرة غيرنا ولا أن نسوق المبررات بدعوى أن الآخرين يفعلون ذلك، فكل نفس لها ما كسبت وعليها ما اكتسبت، ولا تزر وازرة وزر أخرى.

الأمر الثاني، هؤلاء الناس يقعون في مأزق كبير، لأنهم حين يقومون بجرائم نكراء يتسببون بإحراج المجتمع المسلم وإهانته، صحيح أنني لست مجرماً ولم أقترف جرماً، ولكني مسلم مثلهم (وإن كانوا يدّعون الإسلام) وهم يرتكبون الفظائع باسم الدين، وهذا كافٍ لإحراجي، ماذا يعني ذلك؟

أولاً وهو الأهم، علينا أن نتحمل المسؤولية الجماعية، فالأمة تعاني من فوضى عارمة ومسؤوليتنا جميعاً بذل كل جهد ممكن لوضع حدٍّ لها. لا يمكننا التخلص منها كلياً ولا من التعصّب والتصرفات الهوجاء، ولكن

علينا أن نحاول، وخصوصاً وأن بعض المسلمين يعتبرون هذه الجرائم لها ما يبرّرها من ناحية شرعية، مما يساعد على انتشارها أكثر فأكثر. أعترف لكم وبكل صراحة: بعد دراستي الإسلام منذ عقد حتى الآن، أؤكد لكم أنّ ما تم فعله لا يمت إلى الإسلام بصلة لا من قريب ولا من بعيد.

اسمحوا لي أن أقدم لكم ولأبنائي وأصدقائي هذه النصيحة، لا تتابعوا صور الكاريكاتير أو أفلام اليوتيوب أو التعليقات المهينة ولا تقرأوا الكتب التي تحث على الإرهاب باسم الدّين، لأنها لا تساوي الحبر الذي كُتبت به، فهما بلغت صور الكاريكاتير من العداء، فإن أي ردة فعل باسم الله أو رسوله ﷺ أو الإسلام تُوضع في نفس الخانة، لأنها جميعها تتنافى وتعاليم الدين. حين ينشرون الدعاية البذيئة ضدّ الإسلام بقصد الإهانة، فأنت تنشر نوعاً آخر من الدعاية المضادّة بنشر ثقافة الكراهية والقتل والظلم باسم الدّين، وهذا إجرام غير مبرّر.

يحلو للبعض الاستشهاد بقصة كعب بن الأشرف، الشاعرالفصيح اليهودي العربي الذي عاش زمن النبي ﷺ ، وكان يكنّ مشاعر البغض له ﷺ، وقد حاول أكثرمن مرة إقناع المسلمين بمعصية الله سبحانه ورسوله ﷺ، وقد نزلت الآيات تفضح كلامه في أكثر من مناسبة. لم يكن عدوّاً عاديّاً للإسلام، فكان ينظم شعراً بذيئاً يتهجم على رسول الله ﷺ ويسيء إلى المسلمات بالاسم .(تخيّل لو أحدٌ ما فعل ذلك لابنتي أو أختي أو أمي، ماذا سأفعل به؟) فأمر رسول الله ﷺ بقتله وبالفعل قام أحد الصحابة بالمهمة، والبعض يحلو له أن يقول إنه قُتل بسبب أشعاره لتبرير قتله، في الحقيقة أن كعب حاول قتل رسول الله ﷺ، وكان صاحب فكرة وضع السمّ في طعامه، وتآمر مع أبي سفيان (قبل إسلامه) خفيةً بعد هزيمة

المشركين في غزوة بدر، فقد كان من سكان المدينة وحاول (بمفهومنا اليوم) قتل الرئيس، لذا فهو بمثابة عدوّ الدولة وعقوبته القتل كما هو الحال في أي بلد.

أن نتناسى كل أفعال كعب وكراهيته لرسول الله ﷺ ونركز على أن شعره قتله، ونعمم الفكرة القائلة أنّ كل من هاجم الإسلام أو النبيّ ﷺ أو القرآن يستحق القتل، أمرٌ غير منطقي. هذا دليلٌ على مستوى التفكير المحدود الذي قد يصله بعض المسلمين، فالقرآن والشرع الذي جاء به جميع الأنبياء رحبٌ واسع، وأنت تركز على قصة واحدة لا تفهم أبعادها وتستغلّها لسلب حياة إنسان. لقد تعرض جميع الأنبياء من قبل للسخرية والاستهزاء، لا بدّ أنهم أهينوا بأبشع الطرق:

... وَلَتَسْمَعُنَّ مِنَ ٱلَّذِينَ أُوتُواْ ٱلْكِتَـٰبَ مِن قَبْلِكُمْ وَمِنَ ٱلَّذِينَ أَشْرَكُوٓاْ أَذًى كَثِيرًا ۚ وَإِن تَصْبِرُواْ وَتَتَّقُواْ ... ﴿١٨٦﴾
(آل عمران ٣ : ١٨٦)

نزلت هذه الآية من سورة آل عمران بعد معركة أُحد، فكان التوجيه الإلهي للمسلمين الذين يتعرضون للأذى من أهل الكتاب والمشركين هو الصبر والتقوى، وليس القتل والتصفية، فلماذا نتغافل عن كلام الله وسنة رسوله ﷺ الذي أهين عدة مرات ولم تفارق الابتسامة محيّاه، وندّعي أنه منسوخ ونختار عقوبة القتل للساخرين منا؟ هذا غباء وإهانة للإسلام، وأنا هنا أخاطب المسلمين، إذا كان عندكم أدنى شكّ بما أقول، فاقرؤوا القرآن وتعلموا آياته وسيرة رسول الله ﷺ الذين تتكلمون باسمه. أنتم لا تعرفون رسولكم، الذي تدافعون عنه،

حق المعرفة، ولا حتى ماهية الدفاع عنه ﷺ .وأكرر أن المجرم يبقى مجرماً في كل الأحوال، حتى لو أعطى جريمته صبغةً دينية، وهذا محلّ إجماع في الإسلام ولا خلاف فيه.

الأمر الثالث يتعلق بخطاب الكراهية والاستعلاء والإهانة ضدّ رسولنا ﷺ وصور الكاريكاتير الساخر والفيديوهات والكلام الذي قيل عن كتاب الله عزّ وجلّ، وكلّها تفوح بالعداء والحقد. حين يتعرض الناس أو مقدّساتهم للإهانة(والمسلمون منهم) من حقّهم الشعور بالاستياء لكرامتهم وكبريائهم، وعدم تأثرنا معناه أننا بلا كرامة. هل من المعقول أن يذكر أحدهم والدتي أو والدي أو رسولي ﷺ بالسوء ولا أحرّك ساكناً؟! قطعاً لا، فهذا يؤلمني ويجرح مشاعري ويغضبني، لكن هذا موضوع آخر. ما يحدث في وسائل الإعلام اليوم هو أنهم يخلطون بين الأمرين، بمعنى أننا ضدّ سفك دم الضحايا الأبرياء وفي نفس الوقت مع حرية التعبير، ونتغنّى ونؤيد كلًّا منهما.

علينا أن نفهم أنهما أمران مختلفان، فنحن نعارض قتل الأبرياء وبالتأكيد نقف ضدّ القتلة، وفي الوقت ذاته، من حقنا أن نشعر بالغضب والاستياء من خطاب الكراهية والجهل ونعارضه ونقف في وجهه، ولكن هناك طريقة لفعل ذلك، لا ندّعي أن حرية التعبير،على علّاتها، جيدة دائماً وعلينا أن نتقبلها، فهذا غير صحيح، إذ لم يذكر القرآن أن الله سبحانه غضب بسبب كلام بعض الناس، فالموضوع ليس: هل من حقنا أن نغضب أم لا، لأننا نغضب بالفعل، ولكن ما هي ردة الفعل المتوقعة منا؟ لأن الشرع يحكمنا في كل حياتنا، ما نشعر به لا غبار عليه، ولكن ما ينجم عن تلك المشاعر قد لا يكون مقبولاً، وهنا مربط الفرس.

الموضوع الأخير في هذه الموعظة، والذي لم يستوفِ حقه من البحث والنقاش رغم أنه جوهر المشكلة: لماذا يسخر البعض من الإسلام؟ لماذا يوجهون الإهانات إليه؟ لماذا كل هذه الدعاية المغرضة وخطاب الكراهية ضدّ المسلمين؟ حتى الصحافة التي تضع قناع ما يسمى بمحرري الأعمدة وتستخدم اسم الإسلام الراديكالي أو الأصولي، فيكتبون عن المتشددين الذين أسسوا جماعات مسلحة باسم الإسلام ويريدون قتل الناس ووضع النساء في سلة القمامة ...وغيرها من التفاهات، وقد توسع مسمى الأصولية وصار يُطلق على كل من يلتزم بالصلاة أو المظهر الإسلامي مثل الحجاب مثلاً أو اللحية، وهذا ينطبق على أوروبا، ونحن المسلمون أصبحنا نفكر بهذه الطريقة، وأن الكفار يسعون للقضاء علينا، فهم يرسمون الكاريكاتير الساخر عنا ويمارسون الدعايات المغرضة ضدّنا ويكرهون كل ما هو إسلامي ....الخ

للأسف نحـن لا نحـاول النظر في المـرآة أبداً، لقـد تعرض جميـع الأنبياء ،عليهـم السلام، للسخرية والاستهزاء، وكذلك الصحابة، رضوان الله عليهـم، كما ذكر القـرآن الكريم: "وَيَسْخَرُونَ مِنَ الَّذِينَ آمَنُوا" (البقرة ٢:٢١٢)، والسؤال الأساسي: لماذا كل هذه السخرية منهـم في الماضي، ومنا في الحاضر؟ هل السبب واحد؟ لا أعتقد ذلك، سخرية المشركين مـن الصحابـة هدفهـا إسكات صوت الحـق والقضـاء على الإسـلام في مهـده لأنهـم كانـوا عاجزيـن عـن الوقـوف في وجهـه، فالإسلام فتـح عيـون أتباعـه وبصيرتهم وحثهـم على التفكيـر، ودعا إلى العدل وتساءل عـن الظلم المنتشر في المجتمع الجاهلي، وكان النـاس شباباً وشيباً ينجذبـون إليـه رغم أنف أهل الباطل الذين لجأوا إلى بعض التكتيكات مثـل اتهام الرسـول ﷺ بالكـذب، ولكنهم خابـوا، فلجأوا إلى السـخرية

مـن المسـلمين للتقليـل من شـأنهم، ولما فشـلوا لجـأوا إلى أسـاليب أخرى لوقـف تمدد الإسـلام وانتشـاره .

في رأيي أن حالنا مختلف تماماً، فالسخرية من الإسلام مردها أهل الإسلام أنفسهم، كيف أصبح حالهم وما هي نظرتهم لأنفسهم وكيف تبدو مجتمعاتهم، شوارعهم، وأحياؤهم ومساكنهم ! ما شكل تعاملاتهم التجارية وحكوماتهم! إذا أردت أن ترى نماذج واقعية للفساد أو للمجتمعات البدائية، ما عليك إلا التنقل في العالم الإسلامي، ستجد أن معظمه يفتقد مظاهر الحضارة، حتى في ركن السيارة في مرآب المسجد تجدنا نفتقد الأخلاق، لا نعرف النظام إلا في صفوف الصلاة فقط، للأسف لا نملك الحد الأدنى من اللباقة والذوق في معاملاتنا .

أين هي حضارة المسلمين اليوم؟ نتغنى بالماضي حين كنا رواد العلوم والاختراعات والجامعات في العالم قاطبة، وكان الناس يأتون من كل مكان لنهل العلم في بغداد، حين انتقلت آداب الأوروبيين إلى المسلمين فكانوا يأتون لبلادنا لينهلوا من العلوم، حين كانت الأندلس قبلة الدنيا ...ولكن أين نحن الآن؟؟ ما هي إنجازاتنا؟ ماذا قدمنا للعالم؟ المرة الوحيدة التي تملأ أخبارنا وسائل الإعلام تكون حين نفجر شيئاً أونتسبب في إحداث الفوضى ، لننظر إلى حالنا من بعيد سنجد أننا نتصرف بهوجائية وبلا تعقل. لا أشير إلى الأمة الإسلامية بعينها، لنتفكر في مسلمي الغرب قليلاً.

لقد تعاملت مع المجتمعات المسلمة في أمريكا وبريطانيا وأستراليا ورأيت الكثير من الخروقات: أصحاب محلات تجارية يتهربون من الضرائب بالكذب بحجة أنهم لا يريدون دفعها للكفار، مع أنهم يبيعون الخمور،

سبحان الله! لقد اختفى الإسلام وهم يبيعونها وظهر فجأة عند دفع الضريبة، يؤسفني القول أننا كمسلمين، لا نتمتع بمعايير أخلاقية عالية. بعض أصحاب العمل من المسلمين يبخسون العمال أجرهم، وبعضهم لا يدفعون المهر لزوجاتهم وبيوتهم تئنّ من الظلم، وفي ذات الوقت يشتكون من الإجحاف والظلم بحق المسلمين حول العالم، فكيف نجذب الناس إلى الإسلام ونحن بهذا الحال؟

الله عزّ وجلّ أنزل لنا هذا الدعاء: "رَبَّنَا لَا تَجْعَلْنَا فِتْنَةً لِّلَّذِينَ كَفَرُوا"، بمعنى يا ربّ لا تجعلنا أشقياء وبؤساء ويملأنا الخزي والعار لابتعادنا عن تعاليم الإسلام الراقية الجميلة أمام غير المسلمين حتى لا ينفروا من الإسلام ويزهدوا به.

لا شكّ أن السخرية من المسلمين لا مبرّر لها، ولكن يقع علينا اللوم في عدم التفكر في حالنا ومحاسبة أنفسنا، علينا أن نعيد النظر في ما آلت إليه أمورنا، حان الوقت للتوقف عن الشكوى من تآمر العالم علينا، نحن أمة التوحيد والله عزّ وجلّ معنا، وهو القادر على حلّ جميع مشكلاتنا، إن كان الله معنا زالت العقبات من أمامنا، مشكلتنا أننا لا نطلب العون من الله ولا نبالي به، يجب أن نسعى للتغيير من داخل بيوتنا وعائلاتنا وأحيائنا، لأننا فقدنا بوصلتنا الأخلاقية، ليس المقصود أن علينا إتقان العلوم المتقدمة في الدين والفقه والشريعة، بل الالتزام بالحد الأدنى من أخلاق الإسلام.

حين نجمع تبرعات للمساجد في أي مكان في العالم، وننشر إعلانات بهذا الخصوص، يقوم بعض القائمين عليها باستخدام الأموال في مشاريع أخرى بحجة أن عندهم فتوى بذلك، والسؤال: هل أخذوا فتوى بالاحتيال على

الناس؟ من أفتى لهم؟ إنهم يكذبون على الناس باسم الدين، لقد وصل بنا الحال إلى مناقشة موضوع الزكاة وهل ندفعها أم لا! أمثال هؤلاء لا يستحقون تأييد الله لهم الذي وهبهم أروع دين وأفضل تعاليم ولكنهم لا يحاسبون أنفسهم.

أيها المسلمون: أنتم لستم علماء ولا فقهاء ولا أهل إفتاء ولكن يمكنكم تمييز الغث من السمين في أعمالكم وسلوككم، فلماذا تتغافلون عن معاصيكم؟ الله لن يغيّر حال هذه الأمة حتى يغيّروا ما بأنفسهم ، مصداقاً لقوله تعالى في سورة الرعد:إِنَّ اللَّهَ لَا يُغَيِّرُ مَا بِقَوْمٍ حَتَّىٰ يُغَيِّرُوا مَا بِأَنفُسِهِمْ (الرعد ١٣:١١)

كلام الله هو الحقيقة الثابتة ، مشكلتنا في أنفسنا هي سبب معاناة الأمة بأكملها، ويكمن الحلّ في التغيير من داخلنا حتى يتغير حال أمّتنا. وفي آية أخرى، الله يقول:"**وَأَنتُمُ الْأَعْلَوْنَ إِن كُنتُم مُّؤْمِنِينَ**" (آل عمران ٣:١٩٣).وبسبب نقصان إيماننا فقدنا القيادة العالمية والعلو في الأرض. ستتوالى النكبات علينا واحدة تلو الأخرى ولن تتوقف، والشيء الوحيد الذي يمكننا فعله هو سحب الذرائع من الحاقدين على ديننا، قبل أن يغرقنا طوفان المصائب وننشغل في الدفاع عن أنفسنا من تهمة الإرهاب والقتل، مع أنهم لا يقتنعون بما نقول مهما حاولنا، فقد حاول الأنبياء قبلنا ولم يفلحوا. لن نتمكن من تغيير نظرة الحاقدين علينا مهما فعلنا، ولو كنا على الحق، لن يتوقف الاستهزاء بنا.

من أهم أسباب تمسكنا بالإسلام أننا نتمتع بالذكاء والعقول المنفتحة. يكمن التهديد الأكبر الذي يمثله الإسلام في قوة أفكاره والوقوف في وجه الظلم والتشكيك في نزاهة الديانات والفلسفات الأخرى، وليس القوة المادية

والقتالية فقط، فنزلت الآيات تدعو إلى التفكر وإعمال العقل والتذكير (أفلا تعقلون)، فهذا دين (**أدعو إلى الله على بصيرة**)، ولكننا للأسف لم نعد كذلك، لقد غيرنا وبدلنا إسلامنا، نحن نعتقد أن قوة الإسلام في القتال وحمل السيوف. لنتذكر أن التهديد الحقيقي لقريش لم يكن هزيمتها في بدر، بل آيات الله التي كانت كافية لتزلزلهم، وتهزّ معتقداتهم ، في حين أننا لم نعد نتأثر بها أبداً هذه الأيام.

قد يتجادل اثنان في مسألة ما، ويحاول أحدهم كسب الجولة على صاحبه وحين يفشل يبدأ بالصراخ، وهذا دليل على الهزيمة لأنه لا يمتلك أي إجابة منطقية فيشعر بالإحباط والغضب، وقد يلجأ المهزوم إلى الضرب لأنه عجز عن الفوز باللسان، وهذا دليل على أنه لا يملك الحاجة الكافية لإقناع الطرف الآخر.

رسالتي لكم هي: الله أنزل لنا أحسن الحديث وأبلغه مما يغنينا عن سواه، واللجوء إلى غيره بمثابة اعتراف منا أنه يفتقد القدرة على التأثير (معاذ الله). لقد أصابنا الضعف لأننا أقصينا كلام الله من حياتنا. يجب أن نصبح أهل الحجة والبرهان ونقف في وجه الفجور والجهل بأسلوب عميق ومثير للتفكير الجاد. علينا أن ننخرط في حوارات جادة مع الملحدين والنصارى وغيرهم، فهم يتهمون المتدينين بأنهم أصحاب عقول منغلقة ومتشددون ومتعصبون ولا يتقبلون النقد ولا النقاش، وأن إقصاء الدين، يجعل المجتمع منفتحاً بحيث يستطيع أفراده التفكير بحرّية دون أي تأثيرات. كان هذا نمط التفكير السائد في أوروبا والعالم منذ قرون.

مثل هذه التهمة الموجهة لأهل الدين صحيحة فيما يتعلق بالنصرانية التي اجتاحت أوروبا قروناً عديدة، ولكن الإسلام كان على العكس تماماً، فهو

يحضّ على الحوار (**قُلْ هَاتُوا بُرْهَانَكُمْ إِن كُنتُمْ صَادِقِينَ**): أعطونا البراهين بدل انتقاد القرآن، فالقرآن لا يدعو إلى الإيمان فحسب بل إلى التفكير والتحليل العميق والمنفتح، ولكننا أغلقنا عقولنا هذه الأيام، لذا وجب علينا أن نبعث الحياة في الأمة بفتح عقول المسلمين للنهل من كتاب الله وتعلّم آياته والتفكر فيها كما أمرنا سبحانه، فالدّين لا يغلق العقول والعيون والقلوب بل يفتحها على مصراعيها ويدعونا لتوظيفها في الحوار الجاد لبناء الحضارة للإنسانية جمعاء. يدّعي الحاقدون أن الحل في التخلص من الدين ونحن نثق أن الحل في التمسك بالدين الحق، لا شكّ أن الدين المزيّف مآله العدوان والقهر، ولكن دين الله فيه الحياة الكريمة والسعادة.

أخي المسلم: إن لم تكن أنت نموذجاً صادقاً لدينك فمن يكون؟ لقد كرّمنا الله وشرّفنا بالانضمام إلى أمة الإسلام العظيم، وهذا تكليف رفيع. نحن نشكل خُمس أهل الأرض ونحمل همّهم على عاتقنا أسوةً برسولنا ﷺ، اعترفنا بذلك أم لا، وإذا لم نقم بواجبنا نحو الإنسانية سنقع في مآزق ومشكلات ليس مع السلطات الرسمية ووسائل الإعلام فحسب، بل مع الله سبحانه وتعالى.

أدعو الله "عزّ وجلّ" أن يجعلنا من أهل القرآن تارةً أخرى، وأن يلهمنا التفكير الصائب الذي ينعكس في أخلاقنا وسلوكنا، ومجتمعاتنا ومعاملاتنا التجارية وحياتنا الشخصية وكلامنا بحيث نُظهر جمال وروعة هذا الدين الكامل، وأن ينير قلوبنا بالهداية، وأن يمدنا بالقوة، وأدعوه سبحانه أن يمكّن الأجيال الشابة المسلمة ليصبحوا قادة المستقبل وأن يعينهم على إخراج النورمن وسط هذا العصر المظلم .

الفصل العاشر

موعظة قصيرة: مخاطر الاستماع إلى الموسيقى

رغم أني لا أحبذ نوعاً محدداً من الفن، إلا أنني أعارض الموسيقى بحد ذاتها. لا أريد الخوض في النقاشات التي دارت بين العلماء بشأنها، لكنني أرغب بمشاركتكم بما أنا مقتنع به. في رأيي أن الاستماع لبعض أشكال الموسيقى هذه الأيام إحدى أقصر الطرق لفقدان الأخلاق الحميدة، فهي عبارة عن مادة إباحية مسموعة بكل وضوح ووقاحة وابتذال بحيث تُفقد المستمع الشعور الإنساني في نفسه، وتحثّه على اعتبار المرأة سلعة أو متاع، وأدنى منزلةً من البهائم، وأخرى تتحدث عن المرأة وكأنها ليست أكثر من حيوان، لقد لاحظت أن بعض الإخوة من المسلمين يمارسون الهيب-هوب ويحفظون الأغاني ويؤدونها بإتقان (ومع التجويد أيضاً) والنتيجة هراء لا حدود له!

خطابي لهؤلاء: إن كان عندكم أي اعتبار للقرآن وإيمان أنه كلام الله فتذكروا قوله تعالى: "**بِئْسَ الِاسْمُ الْفُسُوقُ بَعْدَ الْإِيمَانِ**" (الحجرات ٤٩:١١) أي أن الفسوق: بئس الصفة والاسم بعد الإيمان، لا يليق بالمسلم مجرد ذكر لفظ بذيْ، حافظ على طهارة لسانك ولا تقل إلا خيرا كما أمرنا سبحانه: "**وَقُل لِّعِبَادِي يَقُولُوا الَّتِي هِيَ أَحْسَنُ**" (الإسراء ١٧:٤٣).

هذا هو الأمر الأول، حين تتفوه بكلام بذيء يتنافى ومعايير الأخلاق الحميدة التي أمرنا الله بها، فأنت تنحرف عن فطرتك السليمة التي توجهك إلى طاعة الله، إن الاستمرار في الاستماع لهذا الهراء سينحرف بك عن طريق الحق ويؤدي إلى ارتباط شعورك بالسعادة بارتكاب المعاصي فقط، وهذا دليل على مرض القلب، لذا على المرء أن ينأى بنفسه عنها، وهذا أول الطريق. وأؤكد لكم أن هذه ليست فتوى، بل رأيي وتحليلي الشخصي، وأنت لست مجبراً على الأخذ به.

والأمر الثاني، إذا شعر أحدهم أن سماع القرآن أصبح مزعجاً، بعد إدمانه على موسيقى الهيب–هوب لفترة طويلة، فمعنى هذا أن الشيطان قد سيطر عليه وأصبح تحت رحمة وساوسه، لأن الشيطان يُبغض كلام الله، فينغز قلب المؤمن كلما أراد الاستماع له، فيفقد الرغبة به ويعدل عنه، وهذه العملية تشبه عملية خلع الضرس، فلا يتقبل الوعظ والتذكير بالله، فينزعج وقد ينفعل ويتحسس، وكل ذلك سببه أنه سمح للشيطان أن يستوطن قلبه. إن أول خطوة للعلاج هي إيقاف الوقود عنه، لأنه يعشق إضاعة الوقت بالتفاهات، فالوقت هو الحياة التي وهبها الله لنا، وما الساعات الطويلة التي تقضيها بالموسيقى والتلفاز ومواقع التواصل الاجتماعي إلا تضييع للعمر بلا طائل، فأوقف هدر الوقت يتوقف المدد عن الشيطان. الله أدعو أن يقيك من غوايته ووسوسته.

نصيحتي التي أكررها دوماً، دون كلل أو ملل: ابحث عن أصدقاء أفضل وصحبة أطيب وبعيدة عن الموسيقى الهابطة، وحاول أن تقضي معهم وقتاً أطول، وستتخلص من إدمانك عليها بإذن الله.

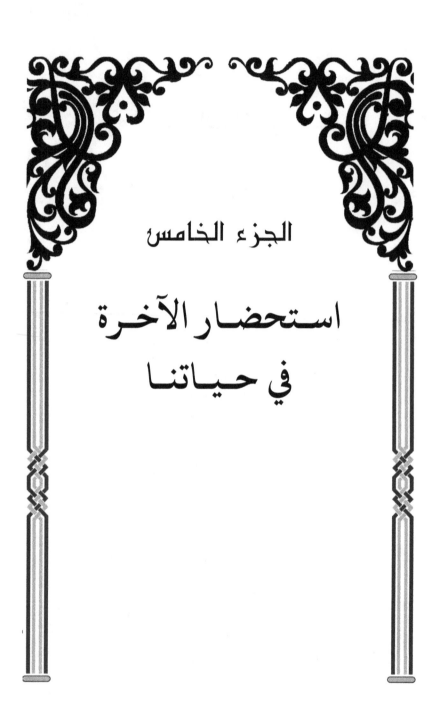

الجزء الخامس

استحضار الآخرة
في حياتنا

الفصل الحادي عشر

وما عند الله خيرٌ وأبقى

قال تعالى:

فَمَآ أُوتِيتُم مِّن شَيۡءٖ فَمَتَٰعُ ٱلۡحَيَوٰةِ ٱلدُّنۡيَاۖ وَمَا عِندَ ٱللَّهِ خَيۡرٞ وَأَبۡقَىٰ
لِلَّذِينَ ءَامَنُواْ وَعَلَىٰ رَبِّهِمۡ يَتَوَكَّلُونَ ٣٦
(الشورى ٤٢ : ٣٦)

كان من الصعوبة بمكان أن أختار آية لهذه الموعظة، واستغرقت وقتاً في التفكير فاستحضرت حقيقة أن هذا الدين يسير وتعاليمه واضحة لا لُبس فيها، وهذا موضوعنا في هذه التذكرة، لأننا ما أسهل أن نتذكر وما أسرع أن ننسى .

الله سبحانه قال: "ما أوتيتم من شيء" ولم يقل "ما أوتيتموه"، مما يعني : كل شيء رزقنا الله مما قد يخطر على البال من متاع دنيوي من الملبس والسيارة والمسكن إلى القلم وحتى الاسم، أضف إلى ذلك، الخبرات العملية، آباؤنا وأصدقاؤنا، كل شيء نصادفه في حياتنا يدخل في هذا المعنى. ويُفيد الفعل المبني للمجهول (أوتيتم) أننا لا نملك شيئاً أبداً، كل ما لدينا من النعم ما هو إلا رزق من الله الكريم، الذي فتح لنا أبواباً لا حصر لها في كل مراحل

حياتنا، فالمتزوج مرّ بسلسلة من المراحل قبل الوصول إلى الزواج، فكل حوار كان توفيقٌ من الله، أي قصة نعيشها ننسى تفاصيلها بعد حين، ولكن علينا أن نتذكر أنها توفيق من الله وحده. فهذه الآية تتعلق بكل تفاصيل وجودنا على الأرض .

قبل عشر سنوات، كانت الأمور تزداد ضبابية بالنسبة لي، كنت أجهل ما أريده عام ٢٠٠٧، ولا أستطيع إخباركم بما حدث معي عام ٢٠١١ أو ٢٠١٢، أرى صغاري يكبرون، فابنتي ذات الاثني عشر ربيعاً الآن، أنظر إليها ولا أتذكر كيف كانت وعمرها ٤ سنوات، أحتاج إلى رؤية صورتها حتى أتذكر، ولكنّ الله هو الذي وهبني كل هذه التجارب سواء تذكرتها أم لا، وقد لخّصها سبحانه بعبارة" فمتاع الحياة الدنيا" ، أي ثمرة كل تجاربنا في الحياة من خير أو شرّ .

لنبحر أكثر في معنى كلمة "متاع"، اعتقدت دوماً أنها تفيد "كل ما يُنتفع به"، وليس بالضرورة التمتع باستعماله، هذا جانب من المعنى، مثل فتاة رآها الأصمعي كانت تغسل الأطباق على ضفة النهر، فجاءت الشاة فأخذت الفرشاة وهربت، فصارت الفتاة تبكي وتقول: "أخذت متاعي"، فتوصل الأصمعي إلى أن كلمة "متاع" تتضمن ما نستخدمه مثل الملعقة والشوكة والمعول وغيرها من الأدوات.

تتلخص حياتي كلها على هذا الكوكب في هذه الكلمة، لذا سأحاول جاهداً أن أذكر كل المعاني التي استطعت العثور عليها وأولها: يُقال: "متاع النبيذ" أي اشتدّت حمرته وأصبح جاهزاً للشرب أكثر من أي وقت مضى، وهنا كلمة متاع تعني أقصى المنتهى الذي قد يصل إليه الشيء. ويُقال:

"حبلٌ ماتع" أي شديد الفتل وجاهز للاستخدام، ويُقال "متعَ الرجل" أي جاد وظرف ونضج وأصبح قادراً على العمل، ويُقال "الماتع" من كل شيء، وهو تعريف شامل معناه "البالغ في الجودة"، وهو اسم فاعل بمعنى الشيء الذي بلغ الذروة في النضج والبلوغ والغاية في بابه.

سنتدبر في كل معنى على حدة، فيما يتعلق ببلوغ الغاية: الله سبحانه يهبنا كل تجربة لننضج ونكبرأكثر فأكثر، سواء كانت التجربة سعيدة أم مؤلمة فإنها ستؤدي إلى نموّ جزء منا، قد نفخر به وقد نخجل منه، كثيراً ما نستعرض الماضي ونشعر بسعادة لأننا فعلنا كذا، وفي ذات الوقت نحزن بسبب كذا ونندم على فعله، فهذا جزء من المتاع، جانب من النضج في عملية بلوغ الذروة. حتى الندم على ما فعلت في الماضي هبة من الله لأنه قد ينقذنا من النار، ويدخلنا الجنة .لنتذكر قصة صاحب الجنة في سورة الكهف الذي خسر في النهاية وندم قائلاً "يا ليتني لم أشرك بربّي أحداً"، وهذه نهاية سعيدة لأنه تاب إلى الله وغير حياته.

والمعنى الثاني لكلمة متاع: "ما يُنتفع به"، حاول أن تستحضر كل شيء وكل تجربة استفدت منها في حياتك، الله سبحانه اختار هذه الكلمة لغاية بليغة ففيها الخير ولو لم تلمسه، قد لا تدرك قيمته الظاهرية وقد تشعر بالإحباط عند وقوع حدث ما وقد تتساءل : "لماذا يحدث هذا لي؟" والله سبحانه يعلّمك أنك حتما ستنتفع به يوماً ما.

والمعنى الآخر: "ما يتبلّغ ويتزوّد به"، أي أن كل ما نملكه مهما بلغ شأنه، وكل تجربة نمرّ بها يُفترض أن تُوظَّف في السّرّاء والضّرّاء لأنها تشكّل جزءاً من شيءٍ أعظم، كل شيء رزقنا الله في الحياة هو للاستخدام والتوظيف فيما

يرضيه سبحانه. وهذا يعيدنا إلى المعنى الأصلي لكلمة "متاع"، فماذا يحدث للنبيذ حين يتخمّر ويصبح جاهزاً للشرب؟ يصبح مُسكراً، وماذا يحدث للحبل حين يُفتلُ جيداً؟ يصبح جاهزاً للاستعمال، أي حين تمتلئ حياتك بالمتاع تصبح أنت بكامل جاهزيتك مستعداً للعمل .

ينظر الكثيرون إلى الماضي وتجاربهم الفاشلة وإخفاقاتهم ومآسيهم، ويشعرون بالضنك والشقاء مما يُقعدهم عن العمل في المستقبل، ولكن أهل الإيمان الذين أدركوا معنى المتاع، يصبحون أكثر قوّة كلما نظروا إلى ماضيهم، لأنهم فهموا أن الله ابتلاهم بسبب صلابتهم مما يمكنهم من مساعدة الملايين من الناس لتجاوز المحن وتدبر مغزاها.

من المعاني الأخرى لكلمة "متاع": "والفناء يأتي عليه"، أي لا يمكن استخدامه إلى الأبد، سينتهي الانتفاع به يوماً ما، فالفرشاة ستنكسر لا محالة أو لن تبقى على حالها دوماً، والحبل سيهترئ، والنبيذ سيفسد وهذا حال كل متاع دنيوي.

هذه الأيام يتمتع كبار السن الذين لا يستطيعون خدمة أنفسهم بالعيش في مؤسسات خاصة لرعايتهم، من بينهم من يمشي بصعوبة أو باستخدام العصا وآخر لا يستطيع صعود الدرج وحده، قد ينظر أي شاب إليهم ويحزن لحالهم، ولكننا سنصبح مثلهم يوماً ما شئنا أم أبينا، وإذا سألنا أحد كبار السن عن الماضي، سيجيب أنه مرّ كلمح البصر، فالوقت يمضي بسرعة ويتركنا، فهو متاع فانٍ. حياتنا لا تتوقف، والشيء الوحيد الذي يمكننا الاستفادة منه هو: الآخرة لقوله تعالى: "وَمَا عِندَ اللهِ خَيْرٌ وَأَبْقَى".

في حياتنا نعمد إلى التخطيط للخمس أو العشرسنوات القادمة ونسعى جاهدين لتحقيق أهداف معينة، مثل حفظ القرآن مثلاً أو جمع مبلغ معيّن من المال أو الزواج، وهذا لا بأس به، ولكن إذا استوعبت هذه الآية، فإنك ستتعلم أن تحتفظ بهذه الخطط في جانب من عقلك، وفي الجانب الآخر تضع في حسابك أن كل ما تخطط له لا يعني شيئاً إن لم تفكر ببناء آخرتك، كل خططك عديمة الفائدة إذا لم تكن في سبيل إرضاء الله والتقرب منه والخضوع له.

في حياة كل واحد منا هناك توقعات للناس، وتوقعاتنا لأنفسنا، والواقع الحقيقي، قد ينظر الناس إليك على أنك ناجح ومتعلّم أو أنك أنجزت شيئاً ما، وقد يكون العكس تماماً، فيرون أنك فاشل ولا فائدة منك، ولكن عليك أن تعلم أن رأي الناس فيك لا يعني أي شيء في ميزان الله، فلن تزيد أو تُنقص رصيدك من الحسنات. حين يتلقى الناس الثناء أو السخرية طوال الوقت، سيتأثرون بها وتصبح نظرتهم لأنفسهم انعكاس لما يراه الآخرون، فتتلوث صورتهم أمام أنفسهم رغم أنها زائفة وبعيدة عن الحقيقة، والحلّ الوحيد هو أن نعرض أنفسنا على القرآن لمعرفة أين نحن من الصفات التي أرادها الله ونسعى أن نقترب منها ما أمكن.

يمكننا أن نبني صداقات وعائلة وأحبة ومجتمع، ولكننا سنبقى وحيدين في هذا العالم، جئنا وحدنا وسنغادر الدنيا وحدنا، وفي هذه الوحدة إذا افتقدنا الصلة بالله، تصبح كل علاقاتنا زائفة لأنها ليست لله، لذا لن يُكتب لها الاستمرار. ستزول المظاهر حتماً، إن لم يكن في الدنيا، ففي الآخرة، لذا يجب أن نستوعب هذه الحقيقة الساطعة التي ذكرتها الآية :"فَمَا أُوتِيتُم مِّن شَيْءٍ فَمَتَاعُ الْحَيَاةِ الدُّنْيَا". علينا أن نثمّن جميع علاقاتنا التي تربطنا بالآخرة.

وتكمل الآية: "وَمَا عِندَ اللهَّ خَيْرٌ وَأَبْقَىٰ"، كلمة "ما" تفيد أن ما عند الله لا يعلمه إلا الخالق وحده وَسيبقى مجهولاً لنا، قد يظنّ البعض أنها الجنة، ولكنّ الله يقول: "وَمَا عِندَ اللهِ خَيْرٌ وَأَبْقَىٰ"، ولم يقل: "والجنّة خيرٌ وأبقى"، فما عند الله يشمل ما منحك إياه الآن، ليس من متاع الدنيا فحسب، بل فيما يتعلق بالطريق نحو الجنّة، فكلام الله هو خير ما أوتيته على الإطلاق وإذا اتبعته سيوصلك إلى ما هو خير وأبقى.

في الآية مقارنتان علينا أن نعقدهما دوماً حتى لا نتأثر بأحكام الناس ونظرتهم الزائفة إلينا:

... وَمَا عِندَ ٱللَّهِ خَيۡرٞ وَأَبۡقَىٰ لِلَّذِينَ ءَامَنُواْ ... ﴿٣٦﴾

(الشورى ٤٢ : ٣٦)

فما عند الله أولاً: خير، وثانياً: أبقى للذين آمنوا، فحين أقارن كل تجربة أمرّ بها بما عند الله، أجد الأخير هو الأفضل، حين تذهب إلى المتجر لشراء ملابس جديدة، استحضر هذه الآية وتذكر أن عند الله ملابس أفضل وأبقى للذين آمنوا، وحين تستمتع بطعام تحبه، تذكر هذه الآية، كي تصبح جزءاً من حياتك اليومية وليست مجرد كلمة مبتذلة تكررها وقت المصائب والمحن، لأنّ الله سبحانه لم يصف الجنة، بل اكتفى بقوله: "وما عند الله"، فما معنى "عند"؟ إنها تفيد "القرب"، أي أن الفوز بالجنّة يعني القرب من الله، الذي وصف المؤمنين بأنهم: "وَعَلَىٰ رَبِّهِمْ يَتَوَكَّلُونَ"، لو أننا فعلنا ذلك حقاً، سيتساوى عندنا الربح والخسارة في الدنيا، ستصبح علاقاتنا أكثر سهولة، فإذا خاصمت أحدهم أو حصل أي توتر مع صديق أو قريب، ستتغافل لأنك موقن أن ما عند الله خير وأبقى، وهذا ما سندركه في الآخرة بعد أن نغادر الدنيا، فبعض الناس دمّروا علاقاتهم سنواتٍ طويلة، منعهم الكبر

من الاعتذار والاعتراف بالخطأ، متناسين أننا حين نقف يدي الله، سيختفي الكبر والعجرفة، ستقف أنت وأخوك هناك تتوسلان الرحمة، فهلّا سامحتم بعضكم البعض الآن لتفوزوا بالجنة! حين تضع التسامح نُصب عينيك، تستصغر كبرياءك وغضبك إذا لم يغفر الله لك. بهذه المعاني، تصبح الحياة أكثر سهولة، وكما يُقال: "كبّرها بتكبر، صغّرها بتصغر"، فهذه الآية تجعل الآخرة كبيرة في نظرنا والدنيا صغيرة .

سنحيا على الأرض وسنعمل وننجز الكثير، وسنواجه التحديات، ولكن لأجل محدود، يوماً ما ستكون هناك صلاة جماعة، وسيُعلن أن هناك جنازة، وسيصلّي الناس عليك وعليّ، هذه الحقيقة. سنغادر جميعاً عاجلاً أم آجلاً إلى غير رجعة، ها قد انقضى بعض عمرنا، مما يعني أننا نقترب من النهاية، فلنتذكر دوماً أن ما عند الله خيرٌ وأبقى لأننا ذاهبون إلى الله حتماً، فيا ليتنا نحسن استغلال أوقاتنا، خصوصاً أننا نخطط لعشرات السنين للحياة الفانية، ونغفل عن الآخرة الباقية.

كيف نخطط للآخرة بطريقة عملية؟ علينا أن نخطط لها بشكل يومي، لأن الخطط طويلة الأمد لا تصلح هنا، ماذا ستفعل اليوم أو بعد صلاة الجمعة ؟ كيف ستقضي وقتك غداً؟ متى ستصحو من النوم؟ ماذا ستفعل في أوقات الفراغ؟ متى ستحذف الألعاب السخيفة من هاتفك؟ متى ستتوقف عن قضاء ساعات طويلة أمام التلفاز؟ متى ستتوقف عن إضاعة الوقت في الدردشة والتنقل بين المواقع ؟ متى ستضبط نفسك وفق معايير أعلى، إن لم يكن اليوم؟ إن لم تغير نمط حياتك اليومية في النوم والنهوض والكلام والعمل وقضاء وقت الفراغ الذي سيسألنا الله عنه كله، ستدفع ثمناً باهظاً في الآخرة لتضييع وقتك وعمرك في غير طاعة الله .

يشعر الناس بالارتياح حين ينتهي عملهم، ولكنّهم يبقون تحت المراقبة، فالملائكة تسجل كل حركة وسكنة، لذا لا بد من التخطيط الواعي الدائم، فيوم الجمعة مناسب جداً للشروع بممارسة هوايات جديدة ولمحاسبة النفس، فنحن نقضي وقتاً إضافياً للصلاة ولقاء الله في هذا اليوم المبارك، فيمنحنا الله قوةً روحانية تزداد يوماً بعد يوم، فلماذا لا تلزم نفسك بأمور هامة وجادة؟ وجّه هذا السؤال لنفسك وليس لغيرك. فأنت أسوأ ناقد لذاتك، علينا أن نقرر كيف نغير أسلوب حياتنا، لأننا إن لم نفعل بحجّة أننا لسنا بحاجة، فاعلم أن ذلك ناجم عن نظرة الناس الزائفة لنا، وليست الحقيقية بل هي وهم أقنعنا أنفسنا به، لقد تسببوا لنا بالعمى، ونثروا الغبار في أعيننا فلم نعد نعرف أنفسنا حق المعرفة.

أدعو الله (عزّ وجلّ) ألّا نكون ممن عميت أبصارهم وبصيرتهم عن حقيقتهم، وأن يجعل القرآن مرآةً نرى حقيقة أنفسنا من خلاله وأن نسعى دوماً للتقرب إلى الله لعله يرضى عنا.

الفصل الثاني عشر

الباقيات الصالحات

※

أستهلّ هذه الموعظة باستحضار قصة صاحب الجنّتين التي ذُكرت في سورة الكهف وحديثه مع صاحبه. الله عزّ وجل بدأ القصة بقوله: "وَاضْرِبْ لَهُم مَّثَلًا رَّجُلَيْنِ"، وفيها أمر للنبيّ ﷺ وليس للناس مباشرة، فلم يقل سبحانه: "نضرب لكم الأمثال"، وهذه إشارة إلى مكانة الرسول ﷺ الرفيعة، فلا يمكن فهم القرآن بدون معلّم البشرية الذي اصطفاه الله (عزّ وجلّ) للقيام بهذه المهمة، فالقرآن منهاج عالي المستوى ويحتاج إلى معلّم عظيم لإيصاله للناس، ورغم أن هذا كلام الله، إلا أنه سبحانه اختار أشرف خلقه معلّماً للبشرية جمعاء، فالآيات مؤثرة جداً ولن تؤتي أُكلها إلا إذا علّمها الرسول ﷺ لأصحابه (رضوان الله عليهم) فهو القدوة مما يعطي لكلامه زخماً وصدىً كبيراً، بالإضافة إلى أننا نتعلم السنة النبوية من هذا الأمر الإلهي، بمعنى أن القرآن وما فيه من دروس وعبر تتناقله الأمة من السيرة التي ليست ثمة تجربة شخصية بل خبرة جماعية عاشها النبي ﷺ وأصحابه. فكان الأمر للنبي خاصةً وللمؤمنين عامّة، لذا يجب علينا أن نذكّر بعضنا البعض بالقرآن، مما سيكون له تأثير بالغ ومختلف عن تلاوة القرآن أو قراءة التفسير بشكل فردي.

هناك علاقة خاصة بين البشر والنصيحة، فكان الأمر في البداية "واضرب لهم مثلاً" وليس "آتهم مثالاً"، فكلمة "ضرب" تفيد أن الكلام مؤثر وكأنه

يقول "خذ الانتباه منه"، فمثلاً، حين يرتطم شيئان ينتج عنهما ضوضاء تلفت انتباه المتواجدين في المكان، إذا كنت تعمل في مكتبك بهدوء وفجأة تسمع صوت تصادم في الخارج، فستنظر بسرعة من النافذة لأن الصوت أثار فضولك، وأحياناً تكون نائماً في بيتك وتسمع فجأة صوت وقوع شيء في المطبخ، فتتساءل مباشرة في نفسك عما حدث وتذهب لفحص الأمر.

الله سبحانه يعلّمنا أن هناك فرصاً للفت انتباه الآخرين ومخاطبتهم ونصحهم علينا أن نستغلها، وأن نتجنب الأوقات التي يكون الناس فيها مشغولين بمصالحهم وهمومهم. فكثيراً ما أحضر حفلة زفاف أو وليمة وأجد الناس مستمتعين بوجودهم مع بعض ومشغولين بالحديث أو بهواتفهم، يتناولون الطعام والصغار يلعبون، فيطلب أحدهم مني أن ألقي كلمة مع أن الوقت غير مناسب لأنهم لن يعيروني أي انتباه، فأصوات صخب الأطفال والأحاديث الجماعية تملأ المكان. يجب اختيار الوقت والمكان المناسبين لإعطاء الموعظة، ولا أعني بالمكان "المسجد" فقط، فليس من المعقول أن تنصح أخاك وهو مشغول بمكالمة، انتظر حتى ينتهي ويصبح مستعداً للاستماع إليك، وهذا المعنى تضمنته عبارة "واضرِب لَهُم" في الآية:

وَٱضْرِبْ لَهُم مَّثَلَ ٱلْحَيَوٰةِ ٱلدُّنْيَا كَمَآءٍ أَنزَلْنَـٰهُ مِنَ ٱلسَّمَآءِ فَٱخْتَلَطَ بِهِۦ نَبَاتُ ٱلْأَرْضِ فَأَصْبَحَ هَشِيمًا تَذْرُوهُ ٱلرِّيَـٰحُ ۗ وَكَانَ ٱللَّهُ عَلَىٰ كُلِّ شَىْءٍ مُّقْتَدِرًا ﴿٤٥﴾

(الكهف ١٨ : ٤٥)

بعد قصة أصحاب الجنتين، قال تعالى: "وَاضْرِبْ لَهُم مَّثَلَ الْحَيَاةِ الدُّنْيَا"، البشر كلهم يفهمون كلمة حياة أنها الدنيا التي نعيشها الآن، والله سبحانه

يقول "الحياة الدنيا"، وقال بعض العلماء، مثل ابن عاشور، إن فيها معنى التحقير، أي أن الله سبحانه يأمر بضرب مثل بأحقر شكل للحياة وهو "الدنيا"، وهي مؤنث "أدنى" من الفعل "دنا" بمعنى الأقرب أو الأسفل، لقد خلق الله البشر ليسكنوا الجنة، فهي منزلنا الأول قبل النزول إلى الأرض المليئة بالنعم ولكن هناك هدف أسمى لخلقنا، من التمتع بالحياة، ومهما بلغ هذا العالم من العظمة والتقدم فلن يغيّر من الحقيقة الربّانية أن هذا أحقر نموذج للحياة (الدنيا) .

قبل أن نستكمل الآية، نقف قليلاً عند كلمة "مَثَل" التي تختلف عن كلمة "مِثْل"، والله سبحانه ذكر الكلمتين في كتابه الكريم، وتستخدم كلمة "مَثَل" حين ينطوي كل جانب من النموذج المذكور على درس وعبرة، فهي كلمة متعددة الأبعاد، ويجب الانتباه لكل تفاصيلها لأننا نتعلم منها الكثير، في حين أن كلمة "مِثْل" تعني أن هناك مقارنة واحدة فقط : "هو مِثْل".

الله سبحانه بدأ بوصف حياتنا بأنها "دنيا" ولا تستحق أن نتمسك بها، ولا شك أن فيها الفرح والترح، فالمصائب فيها الكثير من المشقة والضنك ولكن الإيمان بأن الدنيا مؤقتة وأن هناك سعادة أبدية بانتظارنا، سوف يهون علينا بلا شك، فمثلاً: إذا تخاصمت مع أخيك الذي يقطن بقربك، وقاطعته عدة أشهر، وذات يوم شبّ حريقٌ في بيتك وهناك احتمال أن يصل إلى بيت أخيك، ستنسى خلافك معه وستسارع إلى تحذيره لأن هناك خطراً أكبر من الخصومة، وهكذا حالنا مع الآخرة، فلدينا ما نعانيه من هموم لا حصر لها، ولكن إدراكنا أن هناك خطراً كبيراً سنواجهه عاجلاً أم آجلاً وهو يوم القيامة، سيجعلها لا قيمة لها وستصغر في أعيننا وسنجد لها حلولاً سريعة.

في وصف المَثَل عن الحياة الدنيا قال تعالى : "كماء" (نكرة) وليس "الماء" (معرّفة)، والنكرة هنا تفيد القليل من الماء، ونعلم أن الماء هو أساس الحياة ولا نستطيع العيش بدونه، وكذلك جميع المخلوقات، وقد جعل الله من الماء كل شيء حيّ، فهو أعظم ثروات الأرض، ولأننا نعيش في عالم مادي بشكل كبير، نجد أن هناك من يدرك مخاطر نقص الماء ويسعى لشراء مصادرها حول العالم ، وفي الماضي كان الماء ملكية عامة وليست فردية، ولكن اليوم هناك شركات تقوم بشراء الاحتياطي المائي لأنهم يعلمون أنه خلال السنوات القادمة سيصبح الماء مثل النفط ،فهو ثاني المصادر الرئيسية بعده، بسبب التلوث الذي يتسبب به البشر للأرض، فشركات مثل كوكا كولا تقوم حالياً بشراء أنهار وبحيرات وممتلكات من حكومات العالم الثالث، لذا قد ندرك أهمية هذا الكنز في المستقبل، ومقابل الماء القليل، هناك القليل من المال وغيره من أشكال المتاع الدنيوي، وفي قوله تعالى: "أَنزَلْنَاهُ مِنَ السَّمَاءِ": أي أن هذا الماء القليل هو رزق ينزله الله مباشرة إلى الأرض.

وتكمل الآية: "فَاخْتَلَطَ بِهِ نَبَاتُ الْأَرْضِ"، فتنبت الأشجار وتتشابك الجذور مع بعضها البعض وكذلك الأغصان، فلا ندري من أين تبدأ الشجرة ولا أين تنتهي، تنمو النباتات وتلتف براعمها ، ثم "فَأَصْبَحَ هَشِيمًا"، هذا المثال ينطبق على الأرض المجدبة نوعاً ما، حيث تتناثر أغصانُ وفروع الأشجار هنا وهناك، ولكن لو كانت متشابكة لأينعت واخضرّت بسبب ترابط الشجرات ببعض.

الله سبحانه يذكر لنا هنا أرضاً شديدة الخصوبة، وهذا مدهش لأنه بدأ الآية بذكر الماء القليل، ليعلّمنا أن الرزق القليل قد يصبح عظيماً وهائلاً، فإنك لا تدري أي أبواب خير سُتفتح لك، الله قد يرسل لك صديقاً

واحداً يقلب حياتك، فكثير منكم قد بدأ تجارته بمبالغ ضئيلة لا تعدو مئات الدولارات، وبصفقة واحدة صارت تكبر وتكبر، وكأنّها تتشابك مع بعضها البعض، الواحدة تؤدي إلى أخرى وهكذا، والمئات تصبح ملايين، وهذا ما يحدث مع تلك القطرات التي نزلت من السماء وانتهت بأرض مخضرّة، إذ ينبت برعم ويكبر وينبت آخر وينتج مئات البذور تعود إلى الأرض لتبدأ دورة حياة جديدة...وهكذا رزقنا، يبدأ قليلاً ثمّ ينمو بلا توقف. يفتخر بعضهم أنه بدأ تجارته بجهاز حاسوب محمول أو مائة دولار أو أنه لم يملك سوى ملابسه التي عليه، ويسرد قصة نجاحه، والله سبحانه يعلّمنا أنّه حتى الاستثمار البسيط الذي بدأته ثم أصبح شركة ورأس مال كبير، فهو من الله وحده، هو الذي رزقك مهنتك وعلمك وخبراتك.

وتكمل الآية:"فَأَصْبَحَ هَشِيمًا"، كانت حديقة غنّاء يانعة، ومع مرور الوقت أصبحت الأشجار يابسة مفتتة، وكلمة "هشيم" أي مقطع الأوصال ومفكّك مثل فنجان قد انكسر أو ورقة شجر يابسة فركتها بيدك، فانفصلت عن الجذع وأصبحت عديمة الفائدة ولا حياة فيها، والله يخبرنا أن كل النباتات الخضراء اليانعة تصبح فجأة هشيما تذروه الرياح ، ليست ريحاً بل عدة أشكال من الرياح، وكل واحدة تبعثرها في اتجاه .

كنت في سياتل منذ مدة قريبة، وتجولت في السوق وكان هناك متجر للتحف يحتوي على كثير من القطع الأثرية التي تعود إلى العشرينيات من هذا القرن: رأيت راديو صُنع عام ١٩٢٠، وصرت أفكر كيف كان هذا من أغلى الأجهزة في ذلك الوقت، وسيأتي الوقت الذي سيصبح الآيباد معروضاً في قسم التحف الأثرية بالتأكيد، ماذا نفعل بالأشياء التي نشتريها؟ نستخدمها وعندما تصبح قديمة نرميها في الخزانة أو في

المخزن وبعدها نتبرع بها وتتنقل من يد لأخرى لأنه لا أحد يرغب باقتنائها وقد أصبحت عديمة الفائدة، لتصل في النهاية إلى متجر التحف أو مكبّ النفايات.

الله سبحانه يقارن الأشياء الثمينة التي بحوزتنا الآن وستصبح بالية خلال وقت قصير ويتم التخلص منها، مثل حديقة مررت بها وأعجبت بجمالها، وبعد فترة وجدتها وقد أصبحت هشيما تذروه الرياح، حتى إنك تجهل مصيرها، "وَكَانَ اللهُ عَلَىٰ كُلِّ شَيْءٍ مُّقْتَدِرًا".

أود التوقف قليلاً عند حرف الفاء في: "فأصبحت هشيماً"، مما يعني أن الأمر حصل فجأة وبدون مقدمات، مقابل الحرف "ثمّ" الذي يفيد أن النباتات استغرقت وقتاً طويلاً حتى ذبلت وجفّت وتفتت، فالله سبحانه يعلّمنا درساً مفاده أننا قد نمتلك ثروة وننجح في أعمالنا ونشعر بالأمان على مستقبلنا ، ولكن هذا الشعور كان هو المشكلة في قصة أصحاب الجنتين حين ظنّ أحدهما أنّ حديقته لن تبيد أبداً، ويبدو أنه كان مطمئناً أن أموره على ما يرام لدرجة أنه لم يخطر بباله أن يحدث لها أي مكروه، ولكن بين عشيّة وضحاها، اختفت الحديقة تماماً وكأنها لم تكن، والرياح تذروها في كل مكان وستصل ذراتها إلى العديد من الناس دون استئذان، ولن يأبهوا بها.

تكمل الآية قوله تعالى:

ٱلْمَالُ وَٱلْبَنُونَ زِينَةُ ٱلْحَيَوٰةِ ٱلدُّنْيَا ۖ وَٱلْبَٰقِيَٰتُ ٱلصَّٰلِحَٰتُ خَيْرٌ عِندَ رَبِّكَ ثَوَابًا وَخَيْرٌ أَمَلًا ﴿٤٦﴾

(الكهف ١٨ : ٤٦)

بعد أن ضرب الله لنا مثلاً بالحديقة والنباتات، يعلّمنا أن "الْمَالُ وَالْبَنُونَ زِينَةُ الْحَيَاةِ الدُّنْيَا"، فيما يتعلق بالمال، تجد أن جميع الناس يفكرون به وبطرق إنفاقه، أو ينشغلون بأشياء يحصلون عليها به مثل السيارة والأثاث وغيرها، فالمال ليس دولارات فحسب، بل كل ما يمكن شراءه من مسكن وملبس وترفيه، وهو ما يشغلنا. أحد الشباب أوصلني يوماً من المطار بسيارته الفارهة وقال إنه اشتراها من سنتين، رغم أنني لم أسأله عنها ولكنه مهووس بها لذا يتحدث عنها دوماً. قد تقابل أناساً أكبر سنّاً ويقودون سيارات أغلى ثمناً ولكنهم لا يتحدثون عنها بل عن أبنائهم الناجحين في دراستهم أو في حفظ القرآن. جميع كبار السنّ يفعلون ذلك معي لأنّ أبناءهم سبب سعادتهم، وقد يكون الابن عاقاً ولا يسأل عن والده الذي لا يفتأ يذكره ويفتخر به .

لقد لخّص الخالق حياتنا بقوله:"الْمَالُ وَالْبَنُونَ زِينَةُ الْحَيَاةِ الدُّنْيَا"، فقد قال صاحب الجنة قبلها: "أَنَا أَكْثَرُ مِنكَ مَالًا وَأَعَزُّ نَفَرًا"، فكان الجواب الإلهي: "الْمَالُ وَالْبَنُونَ زِينَةُ الْحَيَاةِ الدُّنْيَا وَالْبَاقِيَاتُ الصَّالِحَاتُ خَيْرٌ عِندَ رَبِّكَ ثَوَابًا"، وكلمة باقيات "جمع قلّة"، أي أن المال والبنين لا يدومون، ولكن الأعمال القليلة الصالحة التي فعلتها هي الباقية، وهي خيرٌ عند ربك ثواباً، وفي هذه العبارة كنوز عظيمة: أولاً أنها أفضل لك، والله يقول "عند ربّك"، أي أنها تقربك من الله أيضاً مع أهل الجنّة، فذكر الله القرب منه قبل الثواب، لأنّ القرب من الله نعيمٌ يفوق الفوز بالجنّة رغم ما فيها مما لا عين رأت ولا أذن سمعت ولا خطر على قلب بشر، ووصف الله الباقيات الصالحات أنها "وَخَيْرٌ أَمَلًا"، فالأمل هو الطموح طويل الأمد، مثلاً: لديك حساب متواضع في البنك، فتتأكد منه كل يوم وتعقد الأماني عليه في فعل أمور كثيرة مثل شراء عقارات بعد مدة من الزمن أو الاستثمار أو

توسعة البيت أو بناء حوض سباحة أو دفع أقساط التعليم للأولاد، وغيره. الله سبحانه يقول لنا إنه يمكننا أن نعقد آمالاً طويلة الأمد تتعلق بالتعليم أو الوظيفة أو المسكن أو السيارة ولكن أعمالنا الصالحة القليلة خيرٌ أملاً لأنها باقية ولا تفنى، مثل الصلاة على وقتها والتي ستعود علينا بالنفع يوم القيامة، وتلك المساعدة التي قدمناها لمحتاج دون أن يطلب، هي استثمار عند الله ولا يحتاج للمراجعة والتأكد من وجوده لأنه سينمو ويُبارك فيه، إذا أرشدت إنسانًا إلى عمل الخير اقتداءً برسولنا ﷺ القائل "الدالّ على الخير كفاعلِه"، فهذا استثمار لك عند ربّك وهو خير ثواباً وأملاً.

لقد تضمنت الصور التي وردت في الآيات نبات الأرض الذي ما يلبث أن يصبح هشيماً تذروه الرياح، والله يوجهنا هنا إلى التفكير بأنفسنا، لأن الدنيا وما عليها فانية لا محالة، قال تعالى:

وَيَوْمَ نُسَيِّرُ ٱلْجِبَالَ وَتَرَى ٱلْأَرْضَ بَارِزَةً وَحَشَرْنَـٰهُمْ فَلَمْ نُغَادِرْ مِنْهُمْ أَحَدًا ﴿٤٧﴾

(الكهف ١٨ : ٤٧)

ويوماً ما، لن تتحرك النباتات فحسب، بل الجبال الشامخة أيضاً، وستخرج الأرض ما بداخلها وسيحشر الله جميع خلقه بلا استثناء ، ثم:

وَعُرِضُوا۟ عَلَىٰ رَبِّكَ صَفًّا لَّقَدْ جِئْتُمُونَا كَمَا خَلَقْنَـٰكُمْ أَوَّلَ مَرَّةٍۭ ۚ بَلْ زَعَمْتُمْ أَلَّن نَّجْعَلَ لَكُم مَّوْعِدًا ﴿٤٨﴾

(الكهف ١٨ : ٤٨)

وفي عبارة "وعُرضوا على ربك" تشبيه لصورة المزارع الذي يقطف الثمار وقت الحصاد. سنُدفن في التراب مثل البذور، وسيكون يوم القيامة هو موسم الحصاد لنا، وسنصطفّ لنُعرض على ربّنا في تجمّع عظيم للبشرية جمعاء، فيقول لنا ربّنا عزّ وجلّ: "لَّقَدْ جِئْتُمُونَا كَمَا خَلَقْنَاكُمْ أَوَّلَ مَرَّةٍ "بَلْ زَعَمْتُمْ أَلَّن نَّجْعَلَ لَكُم مَّوْعِدًا"، أي أن هناك من أنكر البعث والقيامة منكم.

ثم تتوالى الآيات:

وَوُضِعَ ٱلْكِتَٰبُ فَتَرَى ٱلْمُجْرِمِينَ مُشْفِقِينَ مِمَّا فِيهِ وَيَقُولُونَ يَٰوَيْلَتَنَا مَالِ هَٰذَا ٱلْكِتَٰبِ لَا يُغَادِرُ صَغِيرَةً وَلَا كَبِيرَةً إِلَّآ أَحْصَىٰهَا وَوَجَدُوا۟ مَا عَمِلُوا۟ حَاضِرًا وَلَا يَظْلِمُ رَبُّكَ أَحَدًا ﴿٤٩﴾

(الكهف ١٨ : ٤٩)

معنى كلمة "أحصى" هو "عدّ"، وكانت طريقة القدماء في العد عن طريق وضع الحصى في القنينة فتبقى هناك ولا تتحرك، فالمجرم حين يمسك كتابه يجد كل أعماله ،ما تذكر منها وما نسي، ماثلةً أمامه، وهنا يذكر الله لنا مثالين: الأول، أن الأعمال الصالحة التي عملناها ستكون استثماراً جيداً لنا، والثاني، أن الأعمال السيئة من الصغائر والكبائر سنراها مجسمة أمامنا، والله سبحانه لا يظلم أبداً، لن يستغرب أهل جهنم من مصيرهم ولا أهل الجنة، فكل إنسان سيقرأ جميع ما اقترفته يداه في الدنيا.

وأود أن أختم بهذه الفكرة، في عالمنا اليوم هناك ما يُسمى "المحاكمات السرّية"، فيُسجن أناسٌ بدون أي دليل بحجة ما يسمّى في القانون "سرّية

الأدلة"، ويرى البعض في ذلك افتراءً متعمداً على الأبرياء، فالمحاكمات السرّية عادةً تعني أن هناك نوعاً من الفساد، لأنه إذا لم يكن عندك ما تخفيه، فلم لا تعرضه على الناس؟ وهذا ما يحدث في غرفة الصف، حين يرسب طالب عندك وترفض أن تعطيه ورقة الامتحان ليراجعها، فيعتقد أنّ كراهيتك له هي سبب رسوبه.

الله سبحانه يقول إنه سيرينا كل التفاصيل الصغيرة والكبيرة مما عملته أيدينا، وبدأ بالصغيرة حتى لا نظنّ أن كتابنا سيتضمن الكبائر فقط، وأن الصغائر لا وزن لها، فهذا عارٍ عن الصحة.

أدعو الله "عزّ وجلّ" أن يجعلنا ممن يوقنون أن الحياة الدنيا مزرعة الآخرة، وأن يرزقنا الشجاعة على وعظ بعضنا البعض، وأن يجعلنا من أهل الآخرة، وأن تكون دنيانا جسر العبور الآمن إلى الآخرة.

الفصل الثالث عشر

موعظة قصيرة: اليوم الآخر

في هذه العجالة، سأتناول موضوع نزول القرآن في بداية الدعوة حيث كثر فيه ذكر اليوم الآخر والجنة والنار والحساب والبعث بعد الموت والحياة الأبدية بتفاصيل كثيرة، والسؤال الذي يطرح نفسه: لماذا كانت هذه الأمور مركز محور القرآن المكي في الوقت الذي كانت توضع فيه لبنات الإيمان؟ قال تعالى:

كَلَّا بَلْ تُحِبُّونَ ٱلْعَاجِلَةَ ﴿٢٠﴾ وَتَذَرُونَ ٱلْآخِرَةَ ﴿٢١﴾
(القيامة ٧٥: ٢٠-٢١)

نحن كبشر، نميل إلى استهلاك الأشياء ونستعجل الخير ونريد التخلص من الألم والشقاء بسرعة أيضاً، فكانت الآيات بمثابة تحدّي لهذه العقلية التي كانت تضع الآخرة جانباً، فحين ينصحك أحدٌ ما أن تهتم لنجاتك من النار وأن تستعد لما بعد الموت، فتقول إن لديك اهتمامات أكبر في الوقت الحاضر من عمل ومال وعائلة وأمور شخصية، وهذه أولوية بدل التفكير بالغيب الذي سيأتي فيما بعد، ولكن القرآن الكريم يرسم لنا صورة أكبر، فكل عمل أقوم به له شأن عند الله:

أَفَحَسِبْتُمْ أَنَّمَا خَلَقْنَـٰكُمْ عَبَثًا وَأَنَّكُمْ إِلَيْنَا لَا تُرْجَعُونَ ﴿١١٥﴾

(المؤمنون ٢٣ : ١١٥)

فالرجوع إلى الله يعني أن كل فعل نقوم به له سبب، ولا يفنى مع مرور الزمن، لأنه مكتوب وسيكون له تداعياته في الدنيا والآخرة ، وتتلخص أهمية هذا المعنى في الآتي:

أولاً: أنها تجعلني على بصيرة في كل عمل أقوم به، وأحسب حساب تبعاته في الدنيا والآخرة، وأتخلص من فكرة "لم يرني أحد"، فالله يسمع ويرى، وكل شيء عنده في كتاب وسيسألني عنه حتماً ، وعليّ أن أجهز نفسي للإجابة.

ثانياً: أنني سأحاسب على كل عمل قمت به.

ثالثاً: أدرك أنه يجب عليّ أن أتوب إلى الله وأستغفره دائماً، مما يقرّبني منه سبحانه أكثر فأكثر، فأنا لا أتوقف عن ارتكاب المعاصي. الإسلام يتمحور حول معرفة الله سبحانه، والتوبة إليه في كل حين ،والحديث حول الجنة والنار يوصلنا إليه سبحانه.

رابعاً وهو الأهم: لا يوجد شيء بلا قيمة، أعمارنا لها قيمتها عند الله، فحياتنا على الأرض لا تعدو ثوانٍ في ميزان الله مقارنةً بعمر الكون والحياة الأبدية. الله عزّ وجلّ خلق أرواحنا أولاً، ويخلقنا بعد أن يأخذ أحد الملائكة الكرام أرواحنا ويضعها في أرحام أمهاتنا. لقد خُلقنا قبل خلق الأرض وسُئلنا عن إيماننا قبل العيش فيها، وبعد أن نموت سنلبث في

البرزخ آلاف السنين، وهذه مرحلة أخرى من رحلة الحياة وليست موتاً. حين نستحضر هذه المعاني، ندرك أن هذه الحياة من الميلاد إلى الموت في الدنيا، هي الأقصر في رحلتنا، وفي المكان الأصغر وهي التي تحدد مصيرنا، فالحياة الأبدية تعتمد على هذه اللحظات. إذن وقتي له قيمة عظيمة وعليّ أن أستغلّه بالشكل الأمثل، ولا أضيعه في غير فائدة، لم يعد هناك وقت فراغ بعد اليوم، فاليقين بالآخرة يدفعني لاحترام الوقت ويجعلني في حالة طوارئ للقيام بالأعمال الصالحة والابتعاد عن الشّرّ أكثر فأكثر، ويقتل الكسل في داخلي، فيا أخي المسلم: إذا ما لمست من نفسك خمولاً، فسائلها عن مدى إيمانها ويقينها بالحياة الآخرة، ولأولئك الذين يعتقدون أن اليوم الآخر والجنة والنار بعيدة عنهم، أذكرهم بقول الله سبحانه:

إِنَّهُمْ يَرَوْنَهُۥ بَعِيدًا ۝٦ وَنَرَىٰهُ قَرِيبًا ۝٧

(المعارج ٧٠: ٦-٧)

أتمنى أن تستفيدوا من جميع المواعظ في كتابي هذا الذي يفتح المجال لتجديد أنفسنا وحثّها على استغلال الوقت بشكل أفضل بجعل الآخرة نصب أعيننا، داعياً الله سبحانه أن نفوز بالجنان يوم لا ينفع مال ولا بنون إلا من أتى الله بقلب سليم.

وآخر دعوانا أن الحمد لله رب العالمين